Buzzy Martin
Live aus San Quentin

Buzzy Martin

LIVE AUS SAN QUENTIN

Bericht aus einem der härtesten Gefängnisse der Welt

Aus dem Amerikanischen von
Christoph Hahn

IRISIANA

Die amerikanische Originalausgabe erschien erstmals 2007
unter dem Titel »Don't Shoot! I'm the Guitar Man«.

This edition published by arrangement with The Berkley
Publishing Group, a member of Penguin Group (USA) Inc.

FSC
www.fsc.org
MIX
Papier aus verantwortungsvollen Quellen
FSC® C014496

Verlagsgruppe Random House FSC-DEU-0100
Das für dieses Buch verwendete
FSC®-zertifizierte Papier *Munken Premium*
liefert Arctic Paper Munkedals AB, Schweden.

Umschlaggestaltung und -konzeption:
Geviert – Büro für Kommunikationsdesign, München
unter Verwendung eines Fotos von Corbis/Alex Mares-Manton
Druck und Bindung: GGP Media GmbH, Pößneck
Printed in Germany
ISBN: 978-3-424-15117-6

817 2635 4453 6271

Für Harold und Marie, meine Eltern

Danksagungen

Ich möchte allen Mitarbeitern der Berkley Publishing Group (Penguin Group [USA]) danken. Ihr Glaube und Vertrauen in mich und dieses Buchprojekt erfüllt mich mit Stolz und Demut. Mein besonderer Dank gilt in diesem Zusammenhang Howard Wall, Faith Black und Leslie Gelbman sowie Jennifer Eck für das Textlayout und Elizabeth Glaser für die Covergestaltung der amerikanischen Ausgabe.
Ich danke Carol Lundberg, Jo-Anne Rosen, Lorma Johnson, Leonard Carl und Bill Roventini für ihre professionelle Kritik. Sie waren eine unschätzbare Hilfe und haben stets an dieses Projekt geglaubt.
Mein besonderer Dank gilt meiner wundervollen Frau Laura und meinem Sohn Casey für die Liebe, die sie mir entgegenbringen und dafür, dass sie diejenigen gewesen sind, die als erste den Vorschlag machten, dieses Buch zu schreiben.
Einer Menge Menschen gebührt Dank dafür, dass dieses Buch tatsächlich entstanden ist. Sie alle haben bewusst oder unbewusst Einfluss auf mein Leben genommen und dafür gesorgt, dass ich derjenige geworden bin, der ich heute bin. Deswegen ein großes Dankeschön für die Liebe, die sie mir entgegengebracht haben, für ihre Aufmunterungen, ihr Lächeln und ihre Umarmungen an: Jane Flood, Matt Fenske, Steve Barbieri, Charles »Smitty«

Golczynski, Robert und Susan Tavonatti, Brad DeMeo, Hal Blaine, Marc Klaas, Professor Michael Grabowski, Billy Carmassi, Bob Lee Hickson, Rocky und Ann Harris, Mike Kerns, Frank und Helen Slupesky, Howard und Claudia Burke, Victor Wooten, Mike McDowd, Bob Klose, Michael Powell, Leo Klein, Ron LaFranchi, Aggie Murphy, Micky Singer, Officer Scott Verse, Sean Cuccaro, den Polizeipräsidenten von Sebastopol Jeff Weaver, Georgeanne Rice, Kathy Allen, Stacy Meinzen, Deena Hanson, Dan Gilbert, Gary und Lynne Kogeler, Sue Fomasi sowie Elias und Julie Ortiz.

Ich möchte dieses Buch all jenen widmen, deren Wege sich im Lauf meiner langen musikalischen Laufbahn mit meinen kreuzten und die die Höhen und Tiefen dieser Karriere miterlebt haben. Darüber hinaus möchte ich all jenen großartigen Musikern danken, die während meiner Kindheit und Jugend in Grand Rapids, Michigan, Inspiration und Vorbilder für mich waren und die stets den Glauben an das bewahrten, was ich mit meiner Gitarre damals zum Ausdruck zu bringen versuchte: Alice Cooper, Chuck Whalen, Steve Lukather, Spencer und Noah Burrows, Jim Bertoli, Jerry »Daddy G« Burrell, Evan Koons, Charles Musselwhite, Tom Waits, Sherrie Thompson Coke, Ron Welsh, Frank Hayhurst, Steve Jaxon, Brent Farris, Doug Jayne, Steve Johnson, John Robinson, Todd Zacanelli, Bill Cutler, George Raymond, Pete Orrfelt, Roy Halpern, Keith Knudsen, Eddy und Marsha Castiglioni, die Doobie Brothers, Greg Poltrock, Kent und Jane Fossgreen, Ralphie und

Joanie Carlson, Bob Seger, Casey und Nicky Van Portfleet, Ted Nugent, Mike und Barbara Doyle, Berkeley Malm, Joe Perry, Glen Buxton, Chris Smith, Marianne Campbell, Ray Robinson, Brad Whitford, Laurie Moore, Patti Solomon, Celia Lamatia, Leslie Ruiz, Danny Van Portfleet, Jim »Mr. Music« Corbett, Elliot Daum und John Spillane.

Mein Dank gilt meinen Eltern Harold und Marie für ihre Liebe und dafür, dass sie mich ermutigt haben Musik zu machen.

Ein besonders herzliches Dankeschön geht an den Sebastopol Golf Course, das Sebastopol Police Department, an Zone Music, Prodigy Entertainment, an das Coaches Corner Gym Center und an People's Music.

Besonderen Dank schulde ich all jenen Gitarristen aus der Vergangenheit wie der Gegenwart gleichermaßen, die meinen Stil mit geprägt haben, indem ich ihre Platten angehört, ihre Konzerte angeschaut und ihre Tricks zu kopieren versucht habe. Ohne euch wäre ich nicht derjenige, der ich heute bin.

Ein großes Dankeschön geht an Taylor, Fender, Gibson und Martin Guitars, an GHS Strings, Mesa Boogie Verstärker und Jim Dunlap Picks.

Ich möchte meinen Kursteilnehmern in San Quentin danken, dem Gefängnispersonal und sämtlichen Insassen und Bediensteten aus San Quentin, dafür, dass sie mir ein Bewusstsein über eine Vielzahl von Dingen eröffnet haben, die die meisten Menschen als selbstverständlich erachten und deswegen oft gar nicht zur Kenntnis nehmen.

Ich hoffe, dass die Geschichten in diesem Buch den Lesern als Inspiration dienen, den Glauben an die eigenen Fähigkeiten zu bewahren und zu versuchen, die eigenen Träume Wirklichkeit werden zu lassen. Denken Sie immer daran: Es gibt keine Verlierer – nur Gewinner, die zu schnell aufgeben.

Inhalt

Einführung: »Was hat ein Typ wie ich an einem Ort wie diesem verloren?«

Sie wollen, dass ich Musikunterricht im Gefängnis gebe? Sind Sie übergeschnappt?« Das war mein erster Gedanke, als man mir den Vorschlag machte, im Staatsgefängnis San Quentin einen Gitarrenkurs abzuhalten. Hätte mir vor ein paar Jahren jemand erzählt, dass ich eines Tages in einem der berüchtigtsten Gefängnisse der USA Musikunterricht geben würde, anstatt in Klubs und Bars aufzutreten, ich hätte denjenigen glatt ausgelacht. Trotzdem ist es so gekommen, und hier ist meine Geschichte – ein Bericht darüber, wie es ist, in einem Gefängnis Musikunterricht zu geben – mit einigen lustigen Episoden und etlichen traurigen. In gewisser Weise ist es ein Reisebericht über eine Exkursion in die Hölle und wieder zurück – mit einer Träne im Auge und einem Lächeln auf den Lippen zugleich.

Geboren und aufgewachsen bin ich in Grand Rapids in Michigan. Musik hat in meinem Leben schon früh eine bedeutende Rolle gespielt. Es fing an mit Schulkonzerten und Hinterhofpartys und ging nach der Highschool weiter mit Auftritten in vielen Klubs und Bars. Noch bevor ich 21 Jahre alt war, bin ich schon in so gut wie jeder Bierpinte in West-Michigan aufgetreten. Als sich im Sommer 1979 die Gelegenheit ergab, nach Nordkalifornien umzuziehen, habe ich sie ergriffen, ohne auch nur einen Augenblick weiter darüber nachzudenken. Damals war ich ein sogenannter Singer-Songwriter, ich schrieb all meine Songs selbst, und natürlich war mein großes Ziel, einen Plattenvertrag an Land zu ziehen. Leider hatten Unmengen anderer Musiker, die 1979 nach Kalifornien zogen, um Ruhm und Reichtümer zu ernten, die gleiche Idee – und wie so vielen von ihnen blieb mir der erhoffte Vertrag versagt. Allerdings hatte ich das Glück, eine wunderbare Frau kennenzulernen, wir heirateten, bekamen ein Kind und sind seitdem eine glückliche Familie. Ich mache nach wie vor täglich Musik, schreibe Songs und kann mir alles in allem kein schöneres Leben vorstellen.

Eine meiner Aufgaben besteht darin, sogenannten »auffälligen Jugendlichen« Musikunterricht zu geben – Kindern und Jugendlichen, die vernachlässigt oder missbraucht wurden oder die mit dem Gesetz in Konflikt geraten und deren Zukunftsaussichten alles andere als rosig sind. Damals wusste ich es noch nicht, aber eigentlich war es die Arbeit mit diesen Kindern und Jugendlichen, die mich letzten Endes nach San Quentin führte. Alles fing damit an, dass mich im Herbst 1996 eine Bekannte fragte, ob ich daran interessiert wäre, straffällig gewordenen Jugendlichen Gitarrenunterricht zu geben. Es würde sich dabei um einen Zeitaufwand von zwei Stunden pro Woche handeln, die mit 50 Dollar vergütet würden.

Mein erster Gedanke war: »Auf keinen Fall.« Ich hatte genug zu tun, aber andererseits waren 50 Dollar pro Woche auch nicht zu verachten, und so beschloss ich, nachdem ich ein paar Tage darüber nachgedacht hatte, das Angebot anzunehmen. Der Rest ist, wie man so schön sagt, Geschichte. Es dauerte gerade mal ein Jahr, bis ich von einer Unterrichtsstunde pro Woche bei 18 Kursen wöchentlich angelangt war.

Mittlerweile sind acht Jahre vergangen und ich halte heute Kurse in Jugendgefängnissen ab, in Schulen, die sich den Kampf gegen Alkohol- und Drogenmissbrauch auf die Fahnen geschrieben haben, in therapeutischen oder betreuten Wohngemeinschaften und Bewährungscamps für jugendliche Straftäter. Mir sind in dieser Zeit jede Menge Jungs und Mädchen begegnet, die unter Missbrauch zu leiden hatten oder die bereits im Alter von zwölf Jahren Mitglieder irgendwelcher Gangs waren.
Im Lauf der Zeit sprach sich herum, dass es diese Kurse gab und welche positiven Effekte sie hatten. Sie waren der Grund für den Anruf einer Lehrerin eines Jugendgefängnisses, ob ich auch im Staatsgefängnis San Quentin Musikkurse abhalten könnte. Eine Bekannte von ihr, die das Kulturprogramm in San Quentin betreute, war auf diese Idee gekommen. Ich besprach die Angelegenheit mit meiner Frau mit dem Ergebnis, dass ich es ja einmal versuchen könnte. Meine Einstellung war schon immer die, dass man das Leben in Gänze auskosten und dabei so aufgeschlossen wie möglich sein sollte. Also unterschrieb ich einen Vertrag über zwölf Wochen Musikunterricht in San Quentin, ohne zu wissen, dass schließlich zweieinhalb Jahre daraus werden sollten.

Wenn man an Jugendliche mit problematischen Biografien oder an Gefängnisinsassen herankommen will, dann ist Musik ein hervorragendes Hilfsmittel, das tatsächlich funktioniert. Musik hat eine heilende Wirkung auf die

Seele. Es scheint, als verschafft sie Zugang zu einer Sphäre der Unschuld und Freude, die selbst die traumatischsten Erfahrungen im Leben der Betreffenden in den Hintergrund treten lassen. Für ein paar Stunden pro Woche sind sie in der Lage, Schuld, Scham, Furcht und Missbrauch zu vergessen. Musik kann bewirken, dass die Frustrationen und die Wut, die sich mit der Zeit anstauen und hinter Gittern zu ernsthaften Problemen führen, zumindest teilweise abgebaut und gelindert werden. Im besten Fall kann Musik bewirken, dass etwas, das im Absterben begriffen war, wiederbelebt wird und die Betreffenden, wenn sie wieder in Freiheit sind, etwas Positives haben, an das sie sich halten können.

Musik für gefährdete Kinder

Aus welchem Grund sollte ich mich mit Gefängnisinsassen abgeben, wenn ich in der gleichen Zeit auch gefährdete Kinder betreuen könnte? Um genau zu sein, waren diese sogenannten Problemkinder einer der Hauptgründe für mich, den Job in San Quentin anzunehmen. Im Jugendgefängnis wurde insofern eine alarmierende Tendenz beobachtet, als immer häufiger junge Gangmitglieder eingeliefert wurden oder solche, die es unbedingt werden wollten. All diese Kids – Jungs wie Mädchen gleichermaßen – hatten eine Vorliebe für Gangsta-Rap und den damit verbundenen Lebensstil mit all seinen Konsequenzen. Meine

Hoffnung war, dass ich, indem ich mit echten Gefängnisinsassen arbeitete, diesen Jugendlichen einen ungeschönten Einblick in die harte Wirklichkeit des Knastlebens bieten und ihnen ein deutliches Bild dessen vor Augen führen konnte, was ihnen blühte, wenn sie so weitermachten wie bisher und nicht irgendwann beschlössen, ihr Leben drastisch zu ändern.

Das von mir entwickelte Programm Music for Kids at Risk ermöglicht einer bestimmten Zielgruppe von Jugendlichen – sogenannten Wegwerfkindern –, Musik zu erfahren. Ich gehe in die Klassenzimmer von Jugendstrafanstalten, Erziehungsheimen und Sonderschulen und bringe den Jugendlichen bei, Gitarre zu spielen und zu singen. Ich habe miterlebt, wie Mitglieder verfeindeter Gangs, die innerhalb dieser Einrichtungen nie ein Wort miteinander geredet haben und sich auf der Straße gegenseitig an die Kehle gehen würden, zusammen Musik machten und durch die Musik ein Gemeinschaftsgefühl entwickeln konnten. Durch die Musik wird eine Kommunikationsbasis geschaffen, die es ermöglicht, mit anderen in Kontakt zu treten. Auf diese Weise wird ein positiver Effekt auf die Jugendlichen erzielt, der sich in vielen Fällen nachweisen lässt.

Jugendliche können einiges wegstecken, doch sie brauchen positive Impulse, um Kreativität und Sozialverhalten zu entwickeln. Wenn man diesen sogenannten Problemkindern – oder anderen Kindern aus unterprivilegierten Verhältnissen, die irgendwann mit dem Jugendstrafrecht in Konflikt geraten – ernsthaft eine Chance geben will, ein anständiges Leben zu führen, anstatt der Gesellschaft permanent zur Last zu fallen, dann spielen Programme wie dieses eine Schlüsselrolle. Durch die Musik gewinnen Jugendliche Selbstvertrauen und sie eröffnet ihnen die einzigartige Möglichkeit, ganz neue Seiten ihrer Persönlichkeit zu entdecken.

In meinen Kursen behandele ich Musikgeschichte und Musikverständnis. Zu diesem Zweck stelle ich verschiedene Musikinstrumente vor und beziehe die Schüler aktiv mit ein. Während sie selbst Musik machen, entwickeln die Jugendlichen ein tieferes Verständnis für Disziplin, sie haben Erfolgserlebnisse und sie gewinnen ein Gefühl und ein Bewusstsein für sich selbst und für ihre Umwelt.

Was diese Jugendlichen ebenfalls dringend brauchen, sind positive erwachsene Vorbilder – Erwachsene, die sich wirklich um sie kümmern. Jedes Kind hat ein Recht darauf, Kind zu sein, doch das Leben der Teilnehmer an meinen Kursen dreht sich fast nur um Destruktion – so sind beispielsweise die meisten der Jugendlichen, mit denen ich zu tun habe, Schulabbrecher, Kleinkriminelle oder manchmal auch Angehörige rivalisierender Gangs, die sich gegenseitig in ihren negativen Einstellungen und zerstörerischen Verhaltensweisen hochschaukeln. Destruktion ist der Mittelpunkt ihres Lebens.

Was ich diesen Kindern und Jugendlichen biete, ist die einzigartige Gelegenheit, Neuland zu betreten, ein Risiko einzugehen und durch die Magie der Musik zu erfahren, welche Kraft in konstruktivem, schöpferischem Handeln

liegt. Ich widme mich meinen Kursteilnehmern mit vollem Einsatz. Ich spüre, dass sie mit Musik in ihrem Herzen ein ganz neues Selbstwertgefühl entwickeln und zu nützlichen und wertvollen Mitgliedern ihrer Gemeinden werden können. Dabei darf man jedoch nie vergessen, dass sie im Grunde immer noch Kinder sind. Der Anblick von Kids, die sich selbst als Gangster bezeichnen und dennoch mit anderen zusammen ein Lied singen, ist einfach unglaublich. Letztendlich geht es bei dem Programm darum, diesen Jugendlichen zu helfen, wieder Kinder zu sein.
Meine Hoffnung war, durch die Ausweitung meiner Musikkurse auf San Quentin nicht nur den Insassen dort zu helfen, sondern darüber hinaus den Horror des Gefängnisalltags hautnah zu erleben und diese Erfahrungen an die gefährdeten Jugendlichen weiterzugeben, um sie so zu motivieren, ihr Leben zu ändern, bevor es zu spät ist.

San Quentin von innen

Wie ist es im Q, wie San Quentin auch genannt wird? Es ist wie eine Reise in ein fremdes Land, und man ist deshalb gut beraten, sich von einem Führer leiten zu lassen. Für diejenigen Leser, die mich auf diese Reise begleiten möchten, folgen nun ein paar Beschreibungen der Einrichtungen, der Organisationsstruktur und der verschiedenen Sicherheitsstufen in San Quentin sowie der speziellen Terminologie.

Gegenwärtig fungiert San Quentin zum einen als Sammelstelle für Neuankömmlinge aus den Bezirksgefängnissen Nordkaliforniens und darüber hinaus auch als Strafanstalt für Häftlinge bis zur Sicherheitsstufe 2 (die Skala reicht bis Sicherheitsstufe 4).

Der Bezirk, in dem ein Angeklagter verurteilt wurde, überstellt den Strafgefangenen (heutzutage ausschließlich Männer) nach San Quentin, wo von nun an die Justizvollzugsbehörde von Kalifornien die Verbüßung seiner Haftstrafe regelt. Diese bestimmt, abhängig von Sicherheitsbestimmungen und verfügbarem Raum, wo er seine Strafe absitzt.

Nach der Verkündung der Strafe durch einen Richter verbringt der Straftäter zunächst eine gewisse Zeit im Bezirksgefängnis, wo er darauf wartet, dass das Gericht die Papiere für seine Überstellung regelt und ihn einem zuständigen Staatsgefängnis ausliefert.

Bei der Ankunft muss der Neuankömmling all seine Privatsachen und Kleider abgeben und erhält stattdessen einen grell-orangefarbenen Overall und seine Akte. Seine persönlichen Besitztümer werden entweder an eine von ihm benannte Adresse geschickt oder gespendet. Der Neuankömmling wird erkennungsdienstlich erfasst und muss seine Fingerabdrücke abgeben, danach erhält er eine Rolle Gefängnisklopapier, einen Kamm, Bettwäsche, ein Handtuch, Seife, eine Zahnbüste und eine Decke, bevor ihm eine Zelle zugewiesen wird. Anschließend bringt ihn eine Wachmannschaft zum West Block, wo sämtliche Neuzu-

gänge in Zweierzellen untergebracht sind. In der Folgezeit wird er auf seinen körperlichen Allgemeinzustand untersucht, Intelligenz- und Persönlichkeitstests unterzogen und sein Bildungsniveau evaluiert. Neuankömmlinge sind in der Regel 23 Stunden am Tag eingeschlossen und haben zweimal pro Woche vier Stunden Hofgang. Persönliches Eigentum ist nicht erlaubt und auch Besuche sind nur in sehr geringem Umfang gestattet. Der Aufenthalt im Speisesaal ist zeitlich begrenzt und die Neuen dürfen nur gelegentlich persönliche Gegenstände oder Schreibwaren an den entsprechenden Stellen kaufen. Nach etwa zwei Wochen werden sie, nach Einstufung durch das Personal und abhängig von der Sicherheitsstufe und Belegung, in einen anderen Zellenblock verlegt.
Der nächste Schritt ist derjenige, dem die meisten Insassen mit der größten Sorge entgegenblicken – es ist das Einstufungsgespräch und die Festlegung des Vollzugsplans. Dabei wird die Sicherheitsstufe für den Strafgefangenen festgelegt und entschieden, in welchem Gefängnis er zumindest das nächste Jahr verbringen wird.

Einstufungskategorien

Die Sicherheitsstufe richtet sich nach einem Katalog von Einstufungskriterien. Dabei werden nach einem Punktesystem die persönliche Vorgeschichte des Täters sowie eventuelle Vorstrafen erfasst. Die Kriterien, die dabei eine

Rolle spielen, sind die Länge der verhängten Strafe, die Art des Verbrechens sowie eventuelle medizinische und psychische Besonderheiten. Dabei wird auch berücksichtigt, ob der Strafgefangene wegen eines Gewaltverbrechens oder eines Eigentumsdelikts verurteilt wurde. Sobald eine Einstufung vorgenommen wurde, führt der Vollzugsbeauftragte ein Gespräch mit dem Strafgefangenen über das Gefängnis, welches für seine Sicherheitsstufe infrage kommt. Die Ergebnisse dieses Gesprächs werden an die Strafvollzugsbehörde weitergeleitet, die dann eine endgültige Entscheidung darüber trifft, wo der Strafgefangene seine Haftstrafe verbüßt.

Selbst wenn der Häftling einen Platz in San Quentin zugewiesen bekommt, muss er erst noch warten, bis ihm eine Zelle zugeteilt wird. Sobald ein freier Platz verfügbar ist – sei es im Q oder in einem anderen Gefängnis –, wird der Insasse verlegt und damit zu einem regulären Strafgefangenen. Er erhält die typische blaue Gefängniskluft – blaue Hosen, Hemden und Jacken, alles aus Denim.

Ein Insasse der Sicherheitsstufe 2 wird in San Quentin in den North Block verlegt. Dort erwartet ihn eine weitere Einstufungsuntersuchung unter der Bezeichnung »Unit Classification Committee«, die festlegt, welche Zelle er zugeteilt bekommt, welche Arbeit er verrichten muss und welche Vergünstigungen er erhält. Der nächste Schritt besteht darin, ein »Programm« beziehungsweise eine Routine zu entwickeln, die dem Häftling hilft, seinen Tagesablauf zu organisieren und die Zeit zu verbringen, bis er entweder auf eine niedrigere Sicherheitsstufe zurückgestuft und verlegt oder entlassen wird.

Geschichte

Die Nachricht von der Entdeckung von Goldvorkommen in Kalifornien lockte unter anderem eine Vielzahl zweifelhafter Charaktere in diesen Staat. Bevor ein Gefängnis errichtet werden konnte, wurden Sträflinge auf Schiffen untergebracht, die in der Bucht vor dem heutigen Standort von San Quentin vor Anker lagen. Im Lauf der Zeit entschieden die Justizbehörden Kaliforniens den Bau einer festen Strafanstalt. Sie wählten Point San Quentin als Standort und kauften 8 Hektar Land. Die Sträflinge wurden jeden Tag an die Küste gebracht, um sich dort ihr eigenes Gefängnis zu bauen. Die Arbeiten damit begannen 1852 und waren 1854 abgeschlossen.

Das Gefängnis hieß ursprünglich wie die Gegend Quentin's Point, doch da die Amerikaner damals dachten, dass jedem spanischen Namen ein *San* vorangestellt werden muss, wurde Quentin's Point in San Quentin umbenannt. Zunächst wurde es von einem Privatunternehmen betrieben, doch jene Jahre waren geprägt von Chaos, verbalen und körperlichen Erniedrigungen und Ausbeutung, die zu Häftlingsrevolten und Ausbrüchen führten.

1860 wurde das Q unter staatliche Leitung gestellt, die auf dem Gefängnisgelände Fabriken errichten ließ. An

den menschenunwürdigen Zuständen änderte sich jedoch kaum etwas und die erdrückenden Lebensbedingungen mündeten in weitere Gefängnisrevolten und den darauffolgenden Vergeltungsmaßnahmen.
1868 wurde die erste Schule in San Quentin eröffnet. Von 1856 bis 1933, bevor in Tehachapi ein eigenes Frauengefängnis errichtet wurde, gab es in San Quentin auch weibliche Häftlinge.
San Quentin galt lange Zeit als das härteste Gefängnis Kaliforniens, bevölkert von den übelsten Kriminellen, doch diesen Rang hat ihm mittlerweile Pelican Bay abgelaufen, wo all jene Schwerstverbrecher versammelt sind, die gerade mal eine Kategorie unter der der Kandidaten für die Todeszelle rangieren.

Das Punktesystem für Häftlinge: Die Vollzugsstufen

1972 führte der Staat Kalifornien ein System ein, das verschiedene Haftbedingungen nach einem allgemeingültigen Verfahren regelt. Man analysierte die Vorgänge bei den Aufständen im Gefängnis von Attica im Staat New York und entwickelte einen Katalog, mit dem nach objektiven Kriterien festgestellt werden sollte, welches Verhalten ein Häftling voraussichtlich an den Tag legen wird und welche Maßnahmen daher zu ergreifen sind. Das Resultat war eine Punktetabelle, die aus 26 Fragekomplexen bestand,

darunter die Art des Verbrechens, das Alter des Straftäters, das Alter bei seiner ersten Straftat und weitere Fragen.
Level 1: 0 bis 18 Punkte. Diese Häftlinge nennt man in der Gefängnisbranche Leichtgewichte, für die nur ein Minimum an Sicherheitsmaßnahmen erforderlich ist. Sie haben nur noch geringe Reststrafen abzusitzen, keine oder fast keine Gewaltdelikte in ihrer Akte. Deren Ausbruchsrisiko ist entsprechend gering, weshalb sie in San Quentin dem Trakt mit der niedrigsten Sicherheitsstufe zugeteilt werden – der sogenannten Ranch.
Level 2: 19 bis 37 Punkte. Diese Insassen müssen entweder noch etwas länger in Haft bleiben als ihre Kollegen von Level 1 oder es sprechen einige ernste Faktoren dafür, sie in einem Trakt mit verstärkten Sicherheitsmaßnahmen unterzubringen. Die meisten der Häftlinge in San Quentin unterliegen dieser Sicherheitsstufe.
Level 3: 38 bis 51 Punkte. Bei diesen Häftlingen gibt es weit schwerwiegendere Faktoren in der Fallakte.
Level 4: 52 Punkte und mehr. Diese Häftlinge unterliegen aufgrund ihrer Vergehen der höchsten Sicherheitsstufe. Manche von ihnen erreichen bis zu 960 Punkte. Manche Häftlinge hören einfach nicht auf, gegen die Regeln zu verstoßen, und jedes Mal, wenn sie das tun, werden sie mit einer Disziplinarstrafe belegt, die wiederum weitere Punkte auf ihrem Konto addiert. Ein Häftling, der ursprünglich mit 17 oder 18 Punkten auf Level 1 gelandet war, kann für sogenannte 115-er (Disziplinarmaßnahmen für Verstöße gegen die Gefängnisordnung) weitere Punkte sammeln;

je schwerer die Verstöße, desto mehr Punkte werden addiert. Zum Beispiel: Ein mehr oder weniger unbescholtener Typ landet wegen Alkohol am Steuer vor dem Richter, der ihn zu einer Gefängnisstrafe von einem Jahr und einem Tag oder mehr verurteilt, die er im Staatsgefängnis abzusitzen hat. Wenn er sich dort weitere Vergehen leistet, beispielsweise durch Gewalttaten oder mangelnde Kooperation, kann er weitere Punkte sammeln und damit auf einem höheren Sicherheitslevel landen – bis hinauf zu Level 4. Häftlinge dieser Kategorie sind in Pelican Bay, Folsom und dem Staatsgefängnis von Sacramento untergebracht. Bis zu seiner Herabstufung auf Level 2 im Jahr 1989 gab es sie auch in San Quentin.

Die verschiedenen Gefängnistrakte im Staatsgefängnis San Quentin

San Quentin ist in fünf verschiedene Trakte (Units) unterteilt. Dazu gehören die Zellenblocks, die jeweils einer speziellen Wachmannschaft unterstellt sind. Trakt 1 besteht aus dem North Block, dem Hochsicherheitstrakt und dem Todestrakt. Der South Block ist ebenso ein gesonderter Trakt wie das Aufnahmezentrum. Zu Trakt 5 gehören das H-Unit und die Ranch.

Hochsicherheitstrakt

Der Hochsicherheitstrakt ist nicht das Ende der Welt, aber man hat von hier aus einen ziemlich guten Blick darauf. Es ist ein Gefängnis im Gefängnis. Hierher werden zur Erfassung ihrer Daten sämtliche neuen Gefangenen geschickt, die wegen eines Kapitalverbrechens verurteilt wurden und nach verschiedenen Tests und Untersuchungen auf eine Punktzahl zwischen 100 und 150 kommen. Die Häftlinge in diesem Trakt tragen, wenn sie ihre Zellen überhaupt verlassen dürfen, Hemden in speziellen Farben. Manche von ihnen, beispielsweise Level-4-Strafgefangene, dürfen ihre Zellen außer zum Sport nie verlassen. Es gibt 250 Insassen der Sicherheitsstufe 1, die den Großteil der manuellen Tätigkeiten im Gefängnis verrichten. Ihr Durchschnittsalter beträgt 34 Jahre, und durchschnittlich bewegen sich ihre Schreib- und Lesefähigkeiten auf dem Niveau eines Siebtklässlers.

Straftäter werden von der Gesellschaft isoliert und eingesperrt, weil sie bestimmte Verbrechen begangen haben. Denjenigen, die sich innerhalb der Strafanstalt weitere Vergehen zuschulden kommen lassen, kann man nicht gestatten, weiterhin mit den übrigen Insassen zusammenzubleiben. Deshalb werden sie von den anderen getrennt und isoliert im Hochsicherheitstrakt untergebracht – in von der Umgebung abgeschotteten und verschlossenen Einzelzellen. Jedes Mal, wenn sie ihre Zelle verlassen dürfen, werden den Insassen Handschellen angelegt. Sie werden permanent Leibesvisitationen unterzogen, denn bei ihnen handelt es sich wirklich um die Übelsten der Üblen. Sie sind im negativen Sinne die Crème de la Crème im Strafvollzugssystem.

Der Hochsicherheitstrakt wurde 1959 errichtet, als in den USA der Gedanke an Resozialisation eine gewisse Konjunktur hatte. Zum Personal gehörten ein Sozialarbeiter, ein Psychiater oder Psychologe und diverse Betreuer. Innerhalb des Hochsicherheitstrakts gibt es mehrere große Räume, die anfangs für Gruppentherapiesitzungen gedacht waren. Im Lauf der Jahre wurde jedoch einiges verändert. Das ursprüngliche Ziel der Resozialisierung trat immer mehr in den Hintergrund und der Hochsicherheitstrakt verwandelte sich nach und nach in eine Strafkolonie innerhalb der Gefängnismauern. Ursprünglich durften sich die Insassen inmitten des Gebäudes frei bewegen, ihre eigenen Mahlzeiten kochen und Gruppentherapiesitzungen besuchen, doch all dies wurde nach und nach abgeschafft, sodass es nunmehr als das Ende der Welt gilt.

Mittlerweile trägt es den Namen Security Housing Unit (Hochsicherheitstrakt) und ist die letzte Stufe des Strafvollzugs (abgesehen von der Todesstrafe). Seit der Inbetriebnahme des Staatsgefängnis Pelican Bay werden Häftlinge der Sicherheitsstufe 4 aus dem Hochsicherheitstrakt nach dort verlegt.

Das H-Unit

Im H-Unit sind Häftlinge der Sicherheitsstufe 2 sowie einige der Sicherheitsstufe 3 untergebracht. Die Zellen sind Stahlkäfige mit doppeltem Drahtgitter, umgeben von einem Stacheldrahtverhau und abgesichert durch Schießgänge. Dies beschreibt in groben Zügen die Charakteristika der Sicherheitsstufe 2. Permanent besteht die Gefahr von Unruhen. Die Insassen haben die meiste Zeit ihrer Strafe bereits abgesessen und oft nur noch zwei bis drei Jahre bis zu ihrer Entlassung. Es wird von ihnen erwartet, dass sie gegen geringe Bezahlung einfache Tätigkeiten verrichten.

Das Reception Center ist die Aufnahmestation, in der Häftlinge aus dem gesamten Norden Kaliforniens lediglich kurzfristig untergebracht sind, um sie zu registrieren, zu klassifizieren und ihre Daten zu erheben. Diese Insassen tragen orangefarbene Overalls bis zu dem Zeitpunkt, wenn sie verlegt werden. Die Zahl dieser Insassen ist in den letzten Jahren stetig gewachsen, weshalb diese Abteilung immer mehr Betten und Zellen in San Quentin beansprucht.

Der North Block (The Hill)

Bei den Insassen hier handelt es sich um lebenslänglich Verurteilte. Sie haben eventuell einen etwas geringeren Punktestand, was Verstöße gegen die Anstaltsordnung betrifft, doch das ändert nichts daran, dass sie hier nicht mehr herauskommen werden. Sie arbeiten in den gefängniseigenen Betrieben – häufig in qualifizierten Berufen wie Möbeltischler, Klempner und Installateur oder als Wartungspersonal für die Gefängniswäscherei. Die einzelnen Gebäude dieses Trakts sind nach den Himmelsrichtungen benannt.

Die Ranch

Die Ranch ist eine Hafteinrichtung mit niedrigster Sicherheitsstufe – die Zäune sind hier nicht sechs, sondern nur einen Meter hoch. Die Haftbedingungen richten sich nach dem individuellen Verhalten der Insassen und der Prognose, die sich anhand des Kriterienkatalogs aus ihrer Akte ersehen lässt. Insassen, die länger als ein Jahr abzusitzen haben, bleibt die Ranch versperrt. Wenn ein Häftling eine fünfjährige Haftstrafe verbüßen muss, er vom Gefährdungspotenzial her aber auf Stufe 1 eingeordnet ist, wird man ihn dennoch nicht zur Ranch schicken, weil das Risiko einer Flucht zu groß ist. Sexualstraftaten – beispielsweise Vergewaltigung, sexuelle Nötigung und andere schwere Verbrechen dieser Art – sind ebenfalls ein Grund, warum eine Verlegung auf die Ranch abgelehnt wird.

Der Todestrakt (Death Row)

1893 wurde San Quentin zur offiziellen Hinrichtungsstätte des Staates Kalifornien erklärt – und zwar für Männer wie

auch für Frauen. Heutzutage gibt es keine Frauen mehr im Todestrakt, doch werden sie einige Tage vor ihrer Exekution nach San Quentin gebracht und verbringen die Zeit bis zur Vollstreckung des Todesurteils im Hospital. San Quentin ist das einzige Gefängnis in Kalifornien, das über einen Todestrakt verfügt. Alle zum Tode verurteilten Männer werden nach San Quentin verlegt, wo sie auf ihre Hinrichtung warten. Manchmal dauert der Aufenthalt Jahre, bedingt durch das System für Gnadengesuche.
Die Gesamtzahl der in San Quentin Hingerichteten beträgt 422 – darunter vier Frauen. 1972 entschied der Oberste Gerichtshof Kaliforniens, dass die Todesstrafe eine grausame und anomale Strafe sei, die im Widerspruch zur Verfassung stehe. Daraufhin wurde 1977 die Verfassung so abgeändert, dass die Todesstrafe wieder eingeführt werden konnte. Nach einer Volksabstimmung 1992 wurde den Verurteilten die Wahlmöglichkeit zwischen Gaskammer und Giftspritze eingeräumt, und der erste Kandidat, der davon Gebrauch machte, war Robert Alton, der in der Gaskammer hingerichtet wurde. Seit 1994 ist die tödliche Injektion die einzige Hinrichtungsmethode. Seitdem wurde sie an elf Menschen vollstreckt – 1996 in zwei Fällen, 1998 in einem, wieder zwei 1999 und sechsmal zwischen 2000 und 2006.

Kontrollpunkte und Einrichtungen

4 Post

Das ist ein altes, rundes Backsteingebäude in der Mitte des Gefängnishofs. Es ist der erste oder letzte Punkt, an dem man mit dem Gefängnispersonal in Kontakt kommt. 4 Post regelt den Fußgängerverkehr im Gefängnis. Wenn ein Insasse dem 4 Post zu nahe kommt, wird er augenblicklich gefragt, was er dort zu suchen hat, denn das Haupttor ist gerade mal 30 Meter entfernt, und dahinter beginnt die Freiheit.

Das Max Shack (Maximum Security)

Das Max Shack ist ein Kontrollpunkt, an dem die Wachbeamten die Insassen der höher gelegenen Höfe von denen der tiefer gelegenen Höfe trennen. Manchen Häftlingen ist es gestattet, zu bestimmten Zeiten den unteren Hof zu besuchen. Es ist darüber hinaus ein Kontrollpunkt für diejenigen Häftlinge, die in den anstaltseigenen Betrieben arbeiten, ansonsten aber im Haupttrakt untergebracht sind. Sie müssen diesen Kontrollpunkt passieren, damit festgestellt werden kann, dass sie tatsächlich in den Gefängnisbetrieben auf dem unteren Hof tätig sind, bevor sie an ihren Arbeitsplatz gehen können.
Historisch gesehen markiert das Max Shack die ursprüngliche Grenze des Gefängnisgeländes. Es ist der am weitesten südlich gelegene Punkt des alten Gefängnisses.

Am gegenüberliegenden Ende des Hofes liegt das Yard Office, eine Freizeiteinrichtung für die Wachmannschaft, die auch heute noch genutzt wird.

Das Fortbildungszentrum

Das Fortbildungszentrum im North Block liegt gegenüber dem Max Shack zum oberen Hof. Hier finden Lesungen, Diskussionsrunden, Mal- und Musikkurse statt. Außerdem werden hier Vorbereitungskurse für diejenigen Sträflinge abgehalten, die kurz vor ihrer Entlassung stehen. Dabei geht es unter anderem darum, den Betroffenen ins Gedächtnis zu rufen, wie komplex das Leben in Freiheit im Gegensatz zum Dasein hinter Gittern ist, wo dem Häftling vorgeschrieben wird, wann er zu essen hat, was er zu essen hat und wo er zu essen hat. Im Gefängnis müssen sich die Insassen keinen großartigen Veränderungen anpassen, abgesehen von denen in ihrer unmittelbaren Umgebung, und sie brauchen auch nur mit einer sehr begrenzten Zahl von Leuten klarzukommen. So gesehen stellt das soziale Geflecht im Gefängnis eine Art Subkultur dar. Ihr Dasein ist eine Karikatur des wirklichen Lebens, was besonders dann deutlich wird, wenn sie sich gegenseitig Geschichten erzählen, wie beispielsweise dass sie bei einem Raubüberfall 5.000 Dollar erbeutet haben, es in Wirklichkeit aber nur lumpige 7,80 Dollar waren. In diesen Vorbereitungskursen bringt man ihnen außerdem bei, wie man sich um einen Job bewirbt, wie man sich anzieht und wie man in der Freiheit mit Leuten redet. Man zeigt ihnen, wie man in bestimmten Situationen, in denen man sich über etwas oder jemanden ärgert, seinen Zorn unter Kontrolle halten kann (dass man beispielsweise die Kellnerin *nicht* ersticht, weil sie einem ein Essen gebracht hat, das nicht schmeckt).

Terminologie

Der Zählappell (Bed Count)

Die Gesetze des Staates Kalifornien schreiben vor, dass die Insassen einer Haftanstalt viermal täglich gezählt werden müssen – manche, vor allem Sexualstraftäter, sogar noch häufiger. Jeder Strafgefangene ist einem spezifischen Bett in einer bestimmten Zelle zugeteilt und wird mehrmals am Tag gezählt. Durch die Zählung wird festgestellt, wie viele Betten im Gefängnis zur Verfügung stehen. Die sich daraus ergebende Frage lautet: Wie viele Insassen gibt es im Gefängnis? Beispielsweise kann es sein, dass eine Zelle mit zwei Betten wegen eines verstopften Abflussrohrs nicht benutzbar ist. Die Bettenzahl bleibt stets konstant, jedoch kann die Anzahl der Gefangenen in einem Trakt variieren, je nachdem, wie viele Betten zur Verfügung stehen und mit welchen Insassen er belegt ist. Man kann die Insassen nicht einfach beliebig zusammenwürfeln. Es ist notwendig, Schwerverbrecher von solchen Straftätern zu trennen, die wegen weniger schwerwiegenden Verstößen einsitzen. Deshalb kann sich beim Zählappell herausstellen, dass manche Trakte mehr oder weniger stark belegt sind, was von größter Bedeutung ist.

IMS oder Laufzettel (Inmate Moving Sheet)

Der Staat Kalifornien ist gesetzlich dazu verpflichtet, sämtliche Aufenthaltsorte eines Gefangenen im Laufe eines Tages nachzuweisen. Die Informationen über Aktivitäten oder Programme wie beispielsweise Mal- oder Musikkurse, Fabrikarbeit oder Beratungsgespräche werden täglich auf Laufzetteln festgehalten. Darauf vermerkt sind Name und Nummer des Häftlings, seine Tätigkeit samt Dauer und sein Tagesprogramm. Auf diese Weise können die Beamten des 4 Post oder am Max Shack feststellen, ob ein Häftling sich auch dort befindet, wo er sein sollte.

Der Einschluss (Lockdown)

Immer wenn ein Aufstand ausbricht oder eine Hinrichtung stattfindet, wird ein Einschluss verhängt. Das bedeutet, dass die Insassen mindestens 24 Stunden lang ihre Zellen nicht verlassen können.

Wie wär's mit 'nem Gig in San Quentin?

8. September 1998

Meine erste Fahrt nach San Quentin trete ich mit mulmigen Gefühlen an. Andauernd wiederhole ich die vier Grundregeln, die jeder im Kopf haben muss, bevor er das Gefängnis betritt.

Regel 1: Besucher dürfen keine Kleider aus Jeansstoff tragen. Keine Bluejeans, keine Jeansjacken. Dieses Material ist den Insassen vorbehalten. Die Farben Schwarz, Grün, Weiß, Grau oder Braun sind erlaubt. Blau und Rot sind im Gefängnis verboten, denn diese werden mit Gangs assoziiert.

Regel 2: Niemals rennen oder auch nur schnell gehen, während man sich auf dem Gefängnisgelände befindet. Die Wachleute denken dann, dass irgendetwas nicht stimmt, und fangen an zu schießen. Ihr Motto lautet: »Erst schießen, dann Fragen stellen!« Das ist die goldene Regel der Wachbeamten in San Quentin.

Regel 3: Immer einen Ausweis oder Führerschein mit Passfoto dabeihaben. Wenn man seine Identität nicht nachweisen kann, lassen die Wachen einen nicht aus dem Gefängnis.

Regel 4: Verhandlungen mit Geiselnehmern werden von der Gefängnisleitung kategorisch ausgeschlossen. Wenn eine Revolte ausbricht, ist vom Personal keine Hilfe zu erwarten. Rette deinen Arsch oder mach dein Testament. Man hat mir mehrfach erklärt, dass ich im Falle eines Aufruhrs auf mich selbst gestellt sei.

Dies sind die vier goldenen Regeln, an die man sich halten muss, wenn man im Gefängnis arbeitet oder unterrichtet. Ich musste sogar schriftlich bestätigen, dass ich diese vier Regeln zur Kenntnis genommen und begriffen habe. Ich staunte selber über meinen Mut, einen solchen Job anzunehmen – schließlich habe ich noch nie auf dem Rücksitz eines Streifenwagens gesessen und selbstverständlich noch nie einen Knast von innen gesehen.
Als ich mit meinem Pickup-Truck vor dem Eingang am Osttor vorfahre, stockt mir fast der Atem. Alle paar Sekunden wird mir heiß und kalt. Nachdem ich meinen Namen in das Gefängnislogbuch eingetragen habe, werde ich von dem wachhabenden Beamten durchsucht, bevor man mir schließlich gestattet, das Gefängnisgelände zu betreten. Während ich den Gefängnishof überquere, muss ich mich mit aller Kraft zusammenreißen, um nicht auszuflippen. Der Anblick Hunderter Sträflinge, alle in blauem Denim gekleidet, ist einfach überwältigend. Das ganze Gefängnis wirkt wie ein Meer aus Jeansstoff. Die meisten Häftlinge haben zahlreiche Tätowierungen. Zögernd mache ich mich auf den Weg, vorbei an den diensthabenden Beamten

und den umhergehenden Häftlingen. Dabei schießen mir alle möglichen Fragen über das Leben im Knast durch den Kopf. Ich bin gerade mal zehn Minuten in San Quentin, und schon laufen mir eiskalte Schauer den Rücken runter. Es ist mein erster Abend und ich bin in vielerlei Hinsicht unsicher – beispielsweise weiß ich nicht genau, was man dem Wachpersonal oder den Häftlingen gegenüber besser *nicht* sagt. Ich versuche, einen nicht allzu dämlichen Eindruck zu machen. Das Gefängnisleben ist etwas völlig Neues für mich, was sich natürlich rasch ändern wird. Zunächst aber empfinde ich es wie ein Irrenhaus. Oder wie einen Höllenzirkus.

Ich mache den Fehler, einen der Wachbeamten als »Wachmann« anzusprechen. Wutentbrannt dreht sich der Betreffende zu mir um, die Augen quellen ihm fast aus den Höhlen und er brüllt mich an: »In Supermärkten gibt's Wachmänner. Hier im Gefängnis gibt's nur Officers. Das ist wie beim Militär, nur besser. Es ist ein Spitzenjob! Also, mein Junge, vergiss nie: Wachmann – Supermarkt! Officer – Gefängnis! Kapiert?«

Ich denke mir nur, dass der Staat mir nie im Leben genug zahlen könnte, um als Wachbeamter in diesem Gefängnis zu arbeiten. Ich habe das Handbuch für Mitarbeiter und freiwillige Helfer durchgelesen. Darin steht, dass man den Gefangenen gegenüber niemals allzu große Vertraulichkeit an den Tag legen sollte. Niemals erzählen, wo man wohnt, nichts über die Familie oder das eigene Privatleben preisgeben darf.

Meine Arbeitgeberin kommt zu meiner Begrüßung. Sie schlägt vor, dass ich während der nächsten Monate einmal pro Woche zehn bis zwölf Kurse abhalten soll, jeweils dienstagabends, und zwar im Fortbildungstrakt. Sie sagt mir, dass sie sich, während ich die Gefangenen unterrichte, ebenfalls dort aufhalten und bei geöffneter Tür im Zimmer nebenan Papierkram erledigen würde. Mit einem leichten Grinsen sagt sie: »Wir wollen ja, dass Sie sich sicher fühlen und keine Angst haben müssen. Wenn Sie irgendwelche Fragen haben, was das Programm oder San Quentin im Allgemeinen angeht, stehe ich Ihnen zur Verfügung.« Auf dem Weg zum Unterrichtsraum gibt sie mir den Laufzettel mit den Namen der Gefangenen und erklärt mir, was das für Leute sind, denen ich in Kürze als Musiklehrer gegenüberstehen werde. Sie erklärt, dass es sich bei den Gefangenen, die im North Block – im Sprachgebrauch des Personals »The Hill« genannt – untergebracht sind, größtenteils um zu lebenslänglichen Haftstrafen Verurteilte handelt. Und dass die meisten meiner Kursteilnehmer seit mehr als zehn Jahren in San Quentin einsitzen.

Einige der Insassen, die sich für meinen Kurs angemeldet haben, haben eigene Gitarren. Andere müssen ein Formular ausfüllen, um aus den Beständen der Strafanstalt ein Instrument leihen zu können. Sämtliche Gitarren und Musikinstrumente im North Block werden im Ausbildungszentrum aufbewahrt, es sei denn, dem Gefangenen ist erlaubt worden, die Gitarre mit in seine Zelle oder seinen Zellentrakt zu nehmen.

Der Raum, in dem Musik- oder Malunterricht erteilt wird, liegt im ältesten Teil des Gefängnisses, und San Quentin ist eines der ältesten Gefängnisse in Kalifornien. Insofern ist der Aufenthalt hier wie eine Reise in die Vergangenheit. Die Luft im Klassenzimmer ist abgestanden und stickig. Die Fenster sind stets verschlossen. Ich mache die Tür auf, um ein bisschen zu lüften, und schon trudeln die Kursteilnehmer ein. Die ersten fünf Minuten meines ersten Kurses in San Quentin sind wie ein plötzlicher Weckruf für mich.

Im Gefängnis herrscht ein ganz besonderer Geruch, der von den Gefangenen verströmt wird. Es ist der Geruch nach billigem Essen und Schweiß. Er ist so intensiv und streng, dass ich die Luft mit dem Messer schneiden könnte. Ich bekomme davon starkes Herzklopfen und muss mich mit aller Kraft zusammenreißen, damit ich nicht weine oder sogar kotze, während die Häftlinge und die Wachbeamten im Klassenzimmer herumgehen und sich gegenseitig mustern. Jeder Häftling hat mindestens zehn Tätowierungen – manche davon auf dem Kopf, am Hals, im Gesicht oder auf den Fingerknöcheln. Einige der Häftlinge sind ganz blau vor lauter Tinte.

Ich habe acht Teilnehmer in meinem Kurs heute Abend. Einige können bereits ganz ordentlich Gitarre spielen, während andere gar keine Vorkenntnisse haben. Als ich sehe, wie sich die Häftlinge einander vorstellen, muss ich breit grinsen. Nachdem auch ich mich vorgestellt habe, fangen wir an mit dem Song »Old Time Rock and Roll«.

Den Häftlingen macht es sichtlich Spaß, auf ihre Gitarren einzudreschen und gleichzeitig zu singen und zu tanzen. Und so rocken wir die nächsten zweieinhalb Stunden ab, dass die Hütte bebt. Zwischendurch kommt es immer wieder vor, dass einer der Gefangenen von seiner Gitarre aufblickt und sagt: »Wow, ich hätte fast vergessen, dass ich im Knast bin.«

Im Verlauf des Abends betrachte ich immer mal wieder die Gesichter meiner Schüler. Manche von ihnen sehen aus wie der nette Junge von nebenan, doch der Großteil der Kursteilnehmer wirkt, als würde er einen auf der Stelle abmurksen wollen. Mit keinem von diesen Typen möchte ich Ärger bekommen.

Die Luft im Klassenzimmer steht. Da die Tür zugesperrt ist, riecht es bald wie in der Umkleidekabine einer Turnhalle. Der Schweißgeruch meiner Schüler ist nahezu unerträglich. Meine Augen tränen und meine Nase läuft. Andererseits ist der Lerneifer meiner Schüler frappierend. Sie wollen alles übers Gitarrespielen wissen und der Kurs scheint ihnen wirklich etwas zu bedeuten.

Nach dem Unterrichtsende schütteln die Teilnehmer mir entweder die Hand oder klatschen mich ab, bevor sie das Kurszimmer verlassen. Was mir heute Abend am stärksten aufgefallen ist, ist der verlorene Ausdruck auf ihren Gesichtern. Anscheinend ist die Musik eine gemeinsame Basis für die Kursteilnehmer. Zu sehen, wie sie durch Musik auf faszinierende Weise zueinanderfinden, grenzt an ein Wunder.

Auf dem Weg zu meinem Wagen schießen mir tausend Gedanken durch den Kopf. Was für ein wüster Ritt das Gefängnis ist! Drei Stunden mit permanenten Adrenalinschüben, Gewehren, Tätowierungen und Musik. Mein erster Abend in San Quentin, in Gesellschaft von Schwerverbrechern, im Land verlorener Seelen. Ich fühle mich während der ganzen Heimfahrt über wie taub. Mir schwirrt der Kopf so sehr, dass ich mich am liebsten übergeben würde. Doch kann ich es auch kaum erwarten, morgen die Gesichter der Kids im Jugendgefängnis zu sehen und ihnen zu erzählen, wie es war, den Häftlingen in San Quentin Gitarrenunterricht zu geben. Diese Kids sind total scharf darauf, ins Gefängnis zu wandern. So idiotisch es sich anhört, aber einige von ihnen denken wirklich, im Knast zu sein wäre total cool. Ich werde ihnen erzählen, dass sie keine Ahnung haben, wie es da drin wirklich zugeht.
Einige der Jungs wachsen in dem Glauben auf, der Knast wäre eine Art Machoparadies. Man bekommt drei Mahlzeiten am Tag, für die man nicht mal bezahlen muss, kann mit seinen Kumpels und Familienangehörigen abhängen und sich dicke Muskelpakete antrainieren. Vor allem Gangmitglieder sind überzeugt, dass im Knast alles prima ist: abhängen und Spaß haben. Straßenkinder leben nur im Hier und Jetzt und die meisten von ihnen lechzen nach Aufmerksamkeit. So verquer diese Denkweise auch scheinen mag, diese Jugendlichen denken nun mal so.
Keiner der Jungs aus der Jugendstrafanstalt hätte in einem wirklichen Gefängnis auch nur die geringste Chance. Die

Jüngeren sind ein gefundenes Fressen für die Älteren. So sind die Machtstrukturen hinter Gittern nun mal. Ein Neuankömmling wird für eine Packung Kaugummi oder was sonst gerade geboten wird verkauft. Alles im Gefängnis hat seinen Preis. Abhängig davon, wie viel man zu zahlen bereit ist. Für einen Jugendlichen der schlimmste Albtraum. In der freien Welt wird niemand seinem Bruder, seinen Freunden, Verwandten oder Bandenkumpels erzählen, dass er im Gefängnis vergewaltigt wurde. Das wäre ein Zeichen von Schwäche und außerdem das Letzte, das andere von einem wissen sollten. Aber so etwas ist Realität im Gefängnisalltag, und die Jungs haben keinen Schimmer von dem, was sie hinter diesen Mauern erwartet. Man muss seelisch schon sehr schwer geschädigt sein, um das Gefängnisleben für erstrebenswert zu halten.

22. September 1998

Heute fahre ich zum zweiten Mal nach San Quentin, um Gitarrenunterricht zu geben. Während der 45 Minuten dauernden Fahrt habe ich genügend Zeit, um mir jede Menge Gedanken zu machen – über den Alltag im Gefängnis oder wie es wohl ist, sein Leben in einem Käfig zu verbringen. Ich habe in meinem Musikerleben schon an allen möglichen Orten und zu allen möglichen Anlässen gespielt, aber San Quentin ist der Gipfel. Es ist das merkwürdigste Engagement, das ich je hatte. Allein der Gedanke an

San Quentin verursacht mir Schüttelfrost, und je mehr ich darüber nachdenke, desto schlimmer wird es.

Als ich auf das Osttor zufahre, bin ich überwältigt von der Aussicht auf die Bay Bridge, Oakland und den Sonnenuntergang über der Bay. Der Himmel leuchtet in allen Farben und bildet einen harten Kontrast zum säuglingsschissgelben Anstrich des Gefängnisses. Die Häuser im Ort San Quentin sind begehrte Immobilien, die Aussicht allein ist schon ein Vermögen wert. Dass jemand tatsächlich in der Nähe eines Gefängnisses wohnen möchte, liegt jenseits meines Vorstellungsvermögens. Ich könnte es jedenfalls nicht.

Nachdem wir die Prozedur mit den Anwesenheitslisten hinter uns gebracht haben, gehen wir noch einmal »Old Time Rock and Roll« von letzter Woche durch. Danach übe ich mit der Gruppe die Songs »Hit the Road Jack« und »Stand by Me«. Wieder ist der Unterricht völlig entspannt; alle haben Spaß, und schließlich fragen zwei der Häftlinge, ob wir nicht vielleicht auch Songs wie »Jailhouse Rock« und »Folsom Prison Blues« singen könnten. Ich finde ihre Auswahl zwar merkwürdig, sage aber nichts.

Einer der Häftlinge hört auf, Gitarre zu spielen, und fragt mich: »Boss, kann ich Ihnen erzählen, warum ich hier bin?« Eigentlich gibt es keinen Grund, warum ich das wissen müsste, aber wenn es ihm so am Herzen liegt, es loszuwerden, soll er mir das ruhig erzählen.

»Mein Vater ist gestorben, als ich zwölf war. Meine Schwester war damals zehn. Keiner von uns ist darüber hinweggekommen. Meine Mutter hat ein paar Jahre später irgend so einen Wichser geheiratet. Ich denke, sie war vermutlich ziemlich einsam und ein bisschen geil. Nun ja, dieses Arschloch war ein fieser, versoffener Sack, der mich jedes Mal verdroschen hat, wenn meine Mutter nicht mit ihm vögeln wollte. Er hat seinen sexuellen Frust an meiner kleinen Schwester ausgelassen, und als ob das noch nicht schlimm genug gewesen wäre, hat er auch angefangen, unsere Mutter vor unseren Augen zu verprügeln. Im Laufe der Jahre bin ich gewachsen, und mit mir wuchs auch meine Wut, meine Enttäuschung und mein Schuldgefühl. An meinem 18. Geburtstag habe ich dann wohl ein bisschen zu viel gesoffen, mir Drogen reingezogen und bin irgendwann zusammengeklappt – jedenfalls hatte ich einen Blackout.

Das Nächste, woran ich mich erinnere, ist, dass ich in einer Zelle aufgewacht bin und in einer Zwangsjacke steckte. Irgendwer hat mir dann erzählt, dass ich ausgrastet wäre, mich mit meinem Stiefvater heftig geprügelt und ihn umgebracht hätte. Man erzählte mir, dass erst einige üble Beschimpfungen gefallen waren, bevor es dann zur Sache ging. Ich bin sicher, dass meine ganze im Lauf der Zeit aufgestaute Wut ausgebrochen ist – darüber, dass ich meinen echten Vater verloren hatte, dass meine Mutter so einsam und traurig aussah und dass dieser Typ über Jahre hinweg meine Schwester vergewaltigt hat, einfach so. Und das ist mir alles sauer aufgestoßen, und zack, da hab ich's ihm einfach gegeben. Ich bin nicht stolz darauf, dass ich's getan habe, aber ich kann die Vergangenheit nicht ändern und ihn wieder zurückbringen. Von mir aus ist auf den Kerl geschissen. Meine Schwester hat all das so mitgenommen, dass sie sich das Leben genommen hat. Gerade mal zwei Jahre später ist unsere Mutter vor Kummer gestorben. Wissen Sie, Chef, jetzt, wo ich darüber nachdenke – auch wenn ich weiß, dass ich hier sterben werde, bereue ich nicht, dass ich ihn umgebracht habe. Außer vielleicht, dass ich es nicht schon getan habe, bevor er sich meine kleine Schwester gekrallt hat. Gute Heimfahrt noch, Boss!«

Auf dem Weg zum Ausgang sehe ich, wie zwei Neuankömmlinge in orangefarbenen Overalls hereingebracht werden, jeder eskortiert von zwei Wachbeamten. Beide sehen sehr jung, fies und völlig verängstigt aus. Ich kann mir nicht vorstellen, wie es ist, zum ersten Mal für die Nacht in einen Käfig eingesperrt zu sein. Ich habe schon ein paar von den Geschichten gehört, die hier kursieren – von jungen Typen, die zum ersten Mal hier eingeliefert wurden und die ganze Nacht lang geheult haben. Und damit für den Rest ihres Gefängnisaufenthalts als Weichlinge abgestempelt waren. Im Gefängnis zu heulen ist mehr als unklug. Man muss Stärke zeigen oder man wird zum Opfer und muss permanent auf der Hut sein. In einer Umgebung wie dieser unsicher zu sein wird zum Albtraum. Traue niemandem über den Weg, das ist die Hauptregel. Sei nie zu freundlich. Sei immer wachsam und vorsichtig. San Quentin ist eine Stadt, in der die Zeit stillsteht, während das Leben jenseits der Mauern ohne einen weitergeht.

29. September 1998

Es ist das dritte Mal, dass ich nach San Quentin komme. Ich hatte gehofft, dass mein Unbehagen auf dem Weg dahin irgendwann aufhören würde, aber das ist nicht der Fall. Im Gegenteil, es wird jedes Mal unheimlicher. Wie üblich fahre ich auf den Personalparkplatz, stelle meinen Wagen ab, gehe die Treppe mit ihren 25 Stufen hoch, passiere drei Kontrollpunkte, werde durchgelassen und gelange dann zum Hauptwachposten des Staatsgefängnisses San Quentin. Ich trage mich in die Besucherliste ein, während ein Beamter meinen Gitarrenkoffer auf Waffen oder Drogen untersucht. Nachdem das alles erledigt ist, erhalte ich die Erlaubnis, in einem vergitterten Raum zu warten, bis es weitergeht. »Beeilen Sie sich, damit Sie länger warten können.« Es dauert fünf Minuten, bis der Wachbeamte lächelnd zu mir sagt: »Willkommen im Staatsgefängnis San Quentin. Angenehmen Aufenthalt und passen Sie gut auf sich auf.«

Danach geht es in einen weiteren Käfig, der wie eine Arrestzelle aussieht und richtig alt und modrig riecht. Alles in San Quentin ist alt, selbst das Buch, in das die Besucher eingetragen werden. In einem separaten Raum sitzt ein Beamter, der per Knopfdruck sämtliche Türen und Tore sowie die Pforte an der Haupteinfahrt kontrolliert. Solange er nicht auf den Knopf drückt, kann man weder herein noch hinaus. Egal wer man ist oder wo man arbeitet. So sind die Vorschriften, und davon gibt es jede Menge in San Quentin.

Die letzte Tür, die man durchschreiten muss, bevor man auf den Hauptgefängnishof gelangt, ist die größte Eisentür, die ich jemals außerhalb von Disneyland gesehen habe. Ihr Anblick erinnert mich sofort an das Schloss von Cinderella mit seinen riesigen Türen aus Eisen und Holz. Und wieder einmal komme ich mir ganz klein und mickrig vor, fast so, als sei ich ein Zwerg. Sobald ich durch diese Tür trete, befinde ich mich in einer ganz anderen Welt – dem Land der Kerker. Ich fühle mich wie Dorothy in dem Film *The Wizard of Oz* und empfinde eine Art von leichtem Wahnsinn oder als ob jeden Moment ein schwerer Sturm losbrechen würde. Die Atmosphäre im Q ist für mich jedenfalls sehr beunruhigend.

Mit der Anwesenheitsliste gibt es keine Probleme. Ich habe heute zehn Teilnehmer. Auf dem Programm stehen folgende Songs: »Mustang Sally«, »Working Man Blues« und »Hit the Road Jack«. Es ist schon etwas ganz Besonderes, zehn Strafgefangenen zuzuhören, die die Zeile »Ride, Sally, Ride« dreistimmig, aber falsch singen.

Alle kommen viel besser und schneller miteinander klar, als ich vermutet habe. Bis jetzt kann ich mich nicht beklagen. Es gab keine Streitigkeiten oder Schlägereien, ich musste noch nie Hilfe herbeirufen. Gott sei Dank.

Ich bin jedenfalls heilfroh, dass ich abends nach Hause zu meiner Familie fahren kann. Ich hoffe inständig, dass ich niemals in irgendwelche Unruhen verwickelt werde oder,

noch schlimmer, etwa in einen Großalarm gerate. Niemand ist gerne hinter Schloss und Riegel. Ich frage mich, wie viele Insassen in ihren Zellen schon wahnsinnig geworden sind wegen des Lebens hinter Gefängnismauern, wo einem permanent irgendwer vom Wachpersonal oder von den Mithäftlingen sagt, was man zu tun und zu lassen hat. Das ist jetzt die Familie, das Zuhause. Und zwar für eine ganze Weile. Wie verloren muss man sich vorkommen, wenn das Leben niemals wieder so sein wird wie früher, wenn man schlechter behandelt wird als ein Hund. Vom Wachpersonal jedes Mal angebrüllt wird, sobald man eine der gelben Markierungen am Boden überschreitet.
Um zehn vor neun sage ich meinen Schülern, dass sie nun ihre Stühle zusammenklappen und ihre Gitarren einpacken sollen. Nachdem mich zehn Hände abgeklatscht haben, ist mein dritter Unterrichtstag zu Ende. Während ich über den Gefängnishof gehe, höre ich von der Bay ein Nebelhorn. Ich schaue hinauf zum Himmel, sehe den Vollmond leuchten und die Sterne funkeln. Ich spüre die Freiheit.
Ich drücke die große Stahltür auf und gehe zum ersten einer ganzen Reihe von Kontrollpunkten, die ich passieren muss, bevor ich wirklich nach Hause kann. Krachend fällt hinter mir die Tür ins Schloss – das klingt fast wie ein Feuerwerkskörper am 4. Juli. Ein Summer ertönt, eine weitere Tür öffnet sich, ich werde abgetastet und mein Gitarrenkoffer wird durchsucht. Bevor ich gehen darf, muss ich mich aus dem Besucherbuch austragen. Nachdem alles erledigt ist – Papierkram, weitere Sicherheitsschleu-

sen –, wünscht mir der Wachbeamte am Osttor einen wunderbaren Abend und eine gute Heimfahrt. »Fahren Sie vorsichtig. Bis nächsten Dienstag.«
Auf dem Heimweg geht mir durch den Kopf, dass ich jetzt weiß, wie sich die Löwen oder die Affen im Zoo fühlen. Sein Leben im Gefängnis zuzubringen, muss der schiere Albtraum sein. Manche der Männer werden hier sterben. Und da draußen gibt es Jungs, die es nicht erwarten können, nach San Quentin zu kommen. Ich hoffe, dass ich den Möchtegernhartejungs, mit denen ich sonst arbeite, einige Geschichten von der unglaublich harten Realität im Knast erzählen kann. Wieso jemand so scharf darauf sein kann, sein Leben im Gefängnis zu verbringen, will mir einfach nicht in den Kopf.

20. Oktober 1998

Zum vierten Mal in San Quentin. Die letzten drei freien Wochen hatte ich Zeit, um über den Musikunterricht im Gefängnis nachzudenken. Als einige Freunde und Verwandte von meinem Job in San Quentin erfuhren, kamen sofort Fragen: »Wie ist es da, hinter diesen Mauern?« – »Wie sehen die Häftlinge aus?« – »Bist du schon angegriffen worden?« Alles Mögliche hat man mich gefragt. Ich antworte darauf immer nur, dass San Quentin eine kleine Stadt ist, in der es ziemlich verrückt zugeht.
Über »The Q« sind schon so viele Filme gedreht und

Bücher geschrieben worden, dass es schon deshalb abgefahren ist, dass ausgerechnet ich da arbeiten soll – als Musiklehrer. Das Gefängnis ist ein Ozean der verlorenen Seelen. Alle schwimmen in einem Meer der Einsamkeit, in dem der Ehrenkodex der Bruderschaften unter den jeweiligen Rassen hoch im Kurs steht. »Auge um Auge« lautet das höchste Gebot hinter den Mauern von San Quentin. Es ist wie ein Hundezwinger und man kann so gut wie jeden zum Tier werden lassen, wenn man ihn lange genug in einen Käfig sperrt.

Ich habe den Kids aus dem Jugendgefängnis erzählt, wie es im Knast zugeht – in der Hoffnung, ihnen ein realistischeres Bild zu vermitteln. Ich bin erst ein paarmal dort gewesen und spüre jetzt schon, wie es an mir zehrt. Einige von den harten Jungs aus dem Jugendvollzug glauben immer noch, das Leben im Gefängnis wäre ein Witz. Dass irgendwie alles cool da drin ist und sie super klarkommen würden. Zusammengeschlagen oder von einer Horde Mitgefangener vergewaltigt werden – *ihnen* würde so was nie passieren. Ich habe aber doch den Eindruck, dass einige von ihnen schon etwas aufmerksamer zuhören, was ja schon mal toll wäre für den Anfang.

Was mich selbst betrifft, hoffe ich, dass irgendwann dieses brennende Gefühl in meinem Magen verschwindet, das ich jedes Mal spüre, wenn ich durch das Tor von San Quentin trete. Verschwindet das überhaupt jemals?

Auf meinem Weg zum Klassenzimmer mache ich Station im Büro des Gefängnisgeistlichen und stelle mich dem

diensthabenden Kaplan vor. Er erzählt mir, dass meine Kursteilnehmer große Achtung und Wertschätzung empfinden angesichts der Tatsache, dass ich hierher ins Gefängnis komme und Musikunterricht erteile. Sie nennen mich, fährt der Kaplan fort, einen »freien Mann«, so etwas wie ein Medizinmann der Musik. Er sagt, dass die Musik in San Quentin eine heilende Wirkung auf die Seelen hat. Er erzählt mir, dass einer meiner Kursteilnehmer bereits seit 17 Jahren einsitzt. Eine reichlich lange Zeit, erst recht, wenn man sie eingesperrt in einem Käfig verbringen muss. Bevor ich mich wieder auf den Weg mache, danke ich dem Kaplan für seine freundlichen Worte. »Ich hoffe, wir sehen uns bald wieder. Einen schönen Abend noch.«
Der Kaplan lächelt und flüstert mir zu: »Wenn Sie Schüsse hören, werfen Sie sich einfach auf den Boden, machen Sie die Augen zu und beten Sie. Sie sind ein Kind der Musik. Jetzt ziehen Sie aber mal weiter zu diesen Häftlingen und zeigen ihnen die Macht der Musik. Gott schütze und behüte Sie, wann immer Sie hier zu tun haben.«
Ich setze meinen Weg fort und überlege, was wohl als Nächstes passieren könnte. Der Laden hier ist der Rummelplatz des Leibhaftigen. Meine Schüler erzählen mir, dass im North Block eine Talentshow stattfinden soll. So was wie die *Gong Show* im Horrorknast. Und dabei wollen sie mitmachen. Mit den Songs, die ich ihnen beigebracht habe. Einer der Häftlinge sagt, dass sie sich »Buzzy's Boys« nennen. Ich habe irgendwie das Gefühl, dass sie mir mittlerweile etwas mehr Vertrauen entgegen-

bringen. Es wird zwar noch eine Weile dauern, aber ich bin überzeugt, dass dieser Kurs irgendwann jede Menge Rock-'n'-Roll-Songs draufhaben wird, mit denen die Teilnehmer auch auftreten können.
Es ist heiß heute Abend. Ich schwitze, als ich das Gefängnis betrete. Im Fortbildungsblock ist es noch heißer. Kein bisschen Frischluft. Der Schweiß läuft mir über das Gesicht. Ich setze mich auf einen der Stühle. Nicht mal ein Ventilator. Wow. Es ist fast so wie in diesen schwülheißen Nächten im Mittelwesten. Es macht mir nichts aus, wenn es heiß ist. Ich bin an heißes Klima gewöhnt. Aber so eine Hitze wie hier? Ich frage mich, wie heiß es wohl in den Zellen der Insassen sein mag.
Bevor der Unterricht losgeht, kommt ein älterer schwarzer Häftling herein, um das Klassenzimmer zu putzen und den Müll herauszubringen. Eine leichte Hausmeistertätigkeit. Heute ist sein Geburtstag, sagt er. 72 ist er jetzt. Er hat lebenslänglich. Wird hier nie wieder rauskommen. Er fragt mich: »Könnten Sie ›Happy Birthday‹ für mich singen, mein Junge? Würden Sie das machen für einen alten schwarzen Knacki?« Also packe ich meine Gitarre aus und bringe ihm sein Geburtstagsständchen. Während ich singe, kommen ihm die Tränen, und ich muss gestehen, mir geht's genauso. Ich bin gerührt, dass er weint, weil ich ein einfaches Lied für ihn ganz allein singe. Ich empfand tiefes Glück darüber, dass ich die Begabung habe, Menschen Musik zu vermitteln, und das auch noch an einem Ort wie diesem. Dieses Lied für den alten Mann war mein

Geburtstagsgeschenk für ihn. Geburtstage im Gefängnis sind eine traurige Angelegenheit für die Insassen und ihre Familien. Nichts Besonderes, einfach nur ein weiterer Tag hinter den Mauern von San Quentin.

Heute habe ich zum ersten Mal mitbekommen, wie Sirenen und Alarmglocken losgingen. Das Klappern der Schlüssel am Gürtel der Wachbeamten, die am Fortbildungszentrum vorbeilaufen, während sich gleichzeitig sämtliche Insassen auf den Boden setzen. Die Sirenen klingen fast so wie der Luftalarm in Filmen über den Zweiten Weltkrieg. Niemand sagt etwas. Es würde einen sowieso niemand verstehen können. Ich muss ganz blass geworden sein und völlig belämmert in die Gegend gestarrt haben, jedenfalls steht einer der Kursteilnehmer auf, wedelt mit der Hand und sagt mit einem breiten Grinsen: »Hey, Buzzy, kein Grund zur Panik. Machen Sie sich keine Sorgen um den Scheiß da draußen. Solange keine Schüsse zu hören sind, ist alles in Ordnung. Bleiben Sie an Ort und Stelle, hier drin sind Sie gut aufgehoben.«

Ich stammele kurz: »Na großartig – meine Frau wird bestimmt begeistert sein, das zu hören.«

Die Information, dass die Insassen im Klassenzimmer einigermaßen sicher sind und ich folglich erst recht, ist sehr erfreulich. Nachdem sich draußen alles beruhigt hat und ich mit der Anwesenheitsliste anfangen will, kommt eine Wachbeamtin herein, die im Kasernenhofton einen Anwesenheitsappell durchexerziert. Weil ich meinen Kugelschreiber nicht finden kann, bitte ich sie darum, mir ihren zu leihen. Keine Reaktion. Ich denke, dass sie mich entweder nicht gehört hat oder mir einen reinwürgen will. Da bemerke ich einen meiner Schüler, der mir signalisiert: »Stopp! Nicht weiterreden! Keine Fragen stellen. Klappe halten. Einfach abhaken und nicht weiter aufregen. Sie wird dir nicht helfen.« Und das mache ich dann auch. Ich halte die Klappe und rege mich nicht weiter auf.

Als sie gegangen ist, steht ebendieser Schüler auf und reicht mir seinen Kugelschreiber. Man erachtet mich in diesem Zirkel offensichtlich als vertrauenswürdig. Ich weiß nicht, ob ich das gut oder schlecht finden soll. Man hat mir doch geraten, mich weder mit den Häftlingen noch mit dem Personal zu sehr einzulassen oder Partei zu ergreifen und zu beiden Seiten immer schön Abstand zu halten.

Auf dem Programm stehen heute: »Mustang Sally« und »I Got You (I Feel Good)«. Es ist schon cool mitzuerleben, wie meine Schüler miteinander reden, lachen, offensichtlich Spaß haben an diesem Kurs und sich einfach nur wohlfühlen. In diesem Klassenzimmer sind sie in Sicherheit und hier können sie endlich mal sie selbst sein und sich ganz entspannt freuen.

Ein paar der Wachbeamten erzählen mir, dass in letzter Zeit eine Menge junger Schwarzer aus Oakland und Umgebung in San Quentin eingeliefert werden. Überhaupt würden seit einiger Zeit recht viele Typen auch aus anderen Ecken von Kalifornien hier landen, die alle noch ziemlich jung seien. Manchmal sind sie in San Quentin vielleicht besser aufgehoben als da, wo sie herkommen –

obdachlos, auf den Straßen herumlungernd, bedroht von Verbrechen, Prostitution oder, schlimmer noch, dem Tod. Manche von den neuen ach so harten Gang-Typen denken, das Gefängnis wäre ein Zuckerschlecken. Mit den Homies rumhängen und abfeiern. Sich um nichts Sorgen machen. Und dann sind sie auf einmal mittendrin in der Realität. Im wirklichen Gefängnisleben. Sobald man als Häftling in San Quentin landet, ändert sich alles. Unwiderruflich. Man kann die Zeit nicht zurückdrehen und alles noch mal ganz anders machen und man kann auch nicht nach Hause rennen und sich bei Mama und Papa ausheulen. *Willkommen im Camp Quentin, Kinder! Ihr habt von jetzt an einen neuen besten Freund und Zellengenossen. Ich hoffe, ihr kommt gut miteinander klar. Und denkt dran, Kinder, ihr habt ein Verbrechen begangen – also werdet jetzt erwachsen und freut euch, mit eurem neuen Leben hinter den Mauern von San Quentin Bekanntschaft zu machen.*
Sowohl Verwaltungspersonal als auch Wachbeamte haben mir berichtet, dass ein großer Teil der Insassen bereits im ersten Jahr nach der Entlassung wieder im Gefängnis landet. Ist man einmal vorbestraft, ändert sich das Leben drastisch. Es ist schwerer, eine Arbeit oder eine Wohnung zu finden, und manchen Ex-Häftlingen fällt es schwer, sich in einer freien Welt zurechtzufinden, in der ihnen nicht gesagt wird, was sie zu tun haben.
Ich frage mich, ob viele dieser jungen Typen keine starken männlichen Bezugspersonen hatten, von denen sie geliebt wurden. Die ihnen einfach nur ein bisschen elter-

liche Liebe und Zuneigung entgegengebrachten. Wenn das fehlt, leben diese Kids ihre Fantasien aus und werden als Erwachsene zu angepissten Knastbrüdern, ohne jegliche Hoffnung auf die Erfüllung auch nur einen ihrer Träume – falls sie früher überhaupt mal irgendwelche hatten.

Als der Kurs zu Ende ist und alle ihre Gitarren einpacken, gehe ich hinüber zum Trinkbrunnen und drücke auf den Knopf. Ich beuge den Kopf herunter und will gerade trinken, als im letzten Moment einer meiner Schüler breit grinsend zu mir sagt: »Boss, das Wasser hier im Q würde ich lieber nicht trinken. Ich hab gehört, die Rohre sind voller Blei. Und was noch schlimmer ist, es heißt schon seit Jahren, dass die Wachen Salpeter ins Wasser kippen. Von uns trinkt keiner aus den Dingern.«

Augenblicklich nehme ich den Daumen vom Knopf, trotzdem habe ich den Mund voll giftigem Wasser. Ohne nachzudenken spucke ich es einfach aus, sodass es in alle Richtungen spritzt. Als ich mich umdrehe, um mich bei dem Insassen zu bedanken, der mich vor einer Vergiftung bewahrt hat, stehen alle da und lachen so heftig, dass ein paar von ihnen sich fast in die Hosen machen.

Irgendwann sagt dann der gleiche Häftling wie vorhin: »Hab ich Sie drangekriegt, Buzzy. Echt komisch. Sie sind mir echt auf den Leim gegangen, stimmt's?« Und wieder erntet Onkel Buzzy eine Runde schallendes Gelächter von den Insassen.

Auf meinem Weg zum Ausgang komme ich an einigen Büros vorbei und mein Blick fällt auf die Schilder an den

Türen, die gleichzeitig anrührend und traurig sind. Das Bewusstsein, lebenslänglich in San Quentin einsitzen zu müssen, in den meisten Fällen ohne die Perspektive, das Gefängnis jemals wieder verlassen zu können, muss schwer auf Geist und Gemüt der Insassen drücken. Die Leute, die in diesen Büros arbeiten, bieten den Häftlingen Hilfestellung, mit der psychischen Belastung fertigzuwerden, bis an ihr Lebensende eingekerkert zu sein. Auf dem Schild an der ersten Tür steht: »Arbeitsbeschaffungsprogramm«. Tür Nummer zwei: »Freunde außerhalb der Mauern«. Und Tür Nummer drei: »Psychologische Beratungsstelle«. Mir fällt es schon schwer, nur ein paar Stunden in einem Raum zu sein. Zu wissen, das Gefängnis nie wieder verlassen zu können, muss schwer auf den Seelen der Lebenslänglichen lasten.

Als ich beim letzten Kontrollpunkt ankomme, wird mir klar, wie gern ich diesen Job mache. Mit einer Klasse von Leuten zu arbeiten, die vom Rest der Menschheit schon abgeschrieben wurde. Ihnen mithilfe der Musik wieder ein Selbstwertgefühl zu geben und ihnen die Möglichkeit zu eröffnen, sich in ihrer Haut wohlzufühlen. Es ist nicht viel, aber immerhin etwas. Es ist, als würde man der Welt etwas zurückgeben.

27. Oktober 1998

Heute ist der Geburtstag meiner Frau und außerdem mein fünfter Abend mit dem Gitarrenkurs in San Quentin. *Happy Birthday, Schatz.* Hoffentlich muss ich nie an meinem Geburtstag im Gefängnis arbeiten. Die Vorstellung, dass die Insassen mir ein Ständchen bringen könnten, behagt mir gar nicht. »Happy Birthday, lieber Buzzy« sind Worte, die ich nicht unbedingt hinter Gefängnismauern hören möchte.

Halloween steht vor der Tür, und deshalb ist der Song für heute Abend »Monster Mash«. Ein cooles, kleines Stück, das echt abgeht. Ich muss dabei immer an die alten Monsterfilme aus den Fünfzigern denken. Während ich den Hof überquere, höre ich ein Nebelhorn von der Bay.

Obwohl ich noch nicht so oft hier war, habe ich doch schon einiges gelernt, was mir die Arbeit und den Aufenthalt hinter den Gefängnismauern erleichtert. Es ist ganz einfach. Man muss nur versuchen, mit allen klarzukommen – mit den Wachbeamten, den Insassen, dem Verwaltungspersonal. Einfach mit jedem, der sich ebenso wie man selbst hinter diesen Mauern befindet. Wenn man den Wachbeamten und den Insassen mit Respekt begegnet, dann verhalten sie sich in den meisten Fällen ebenso.

Die Klasse ist heute Abend kleiner als sonst – nur fünf Schüler, alles Weiße. Die Schwarzen sind im Einschluss. Fünf Schülern beizubringen, den »Monster Mash« zu spielen und zu singen, ist nicht allzu schwierig. Zwei der Kursteilnehmer versuchen so zu singen wie Bela Lugosi und Wolfman Jack. Sie sind wie kleine Kinder mit einem neuen Spielzeug – sie freuen sich und können gar nicht aufhören. Als wir dann doch zu einem Ende kommen und unsere Gitarren einpacken, erzählt mir einer meiner Schüler, dass er in etwas über zwei Wochen entlassen wird. Er fügt hinzu, dass er nie wieder ins Gefängnis will. Und dass er hofft, sein Leben dieses Mal einigermaßen geregelt zu kriegen, weil er bei einem nächsten Mal mit lebenslänglich rechnen muss. Er hat zwei Kinder, beide Jungs.

Ich frage ihn: »Wie lange warst du in San Quentin?«

»Vier Jahre länger, als eigentlich angemessen gewesen wären – acht Jahre, vier Monate und zehn Tage. Verdammt lange für einen bewaffneten Raubüberfall und Angriff mit einem Messer. Ein bisschen hart, wenn Sie mich fragen. Also ganz so heftig hätte der Richter nicht zulangen müssen, meinen Sie nicht auch? Der andere Typ war ein Arschloch, er schuldete mir noch Geld für Drogen, die er von mir gekauft hatte, und kam damit nicht rüber. So führte eins zum anderen. Ich kann mich nur noch daran erinnern, dass mich drei Cops in Handschellen legten und wegzerrten. Da wusste ich, dass ich am Arsch bin. Na ja, und jetzt bin ich hier. Ende der Geschichte. Ich werde nie wieder Drogen nehmen, weil Drogen der Grund sind, dass ich hier überhaupt gelandet bin. Also drücken Sie mir die Daumen und wünschen Sie mir Glück, denn davon kann ich draußen jede Menge gebrauchen.«

Wir schütteln uns die Hände, verabschieden uns bis zur nächsten Woche und ich mache mich auf den Weg zur Hauptpforte. Wenn es dunkel ist, sieht das Q aus wie Schloss Dracula. Finster und Furcht einflößend. Ein Ort des Bösen, der einem Schauer den Rücken herunterjagt. Doch kaum erzählt mir ein Häftling, wie sehr der Musikunterricht sein Leben zum Positiven gewandelt hat, fasse ich wieder Mut.
Auf der Rückfahrt denke ich über den Begriff »Freiheit« nach und darüber, wie sehr wir sie für selbstverständlich halten. Mach in deinem Leben alles, was du willst, denn du hast nur einmal die Gelegenheit dazu. Es gibt keinen zweiten Durchgang, Baby. Das ist mir im Umgang mit den Insassen von San Quentin aufgegangen und gewissermaßen auch im Umgang mit den Kids von der Straße und denen aus dem Jugendgefängnis. Ich hoffe, dass diesen Jungs das Schicksal erspart bleibt, sich irgendwann hinter Gefängnismauern wiederzufinden. Sie würden daran zerbrechen. Ich überlege, wie wir als Erwachsene, denen die Gesellschaft am Herzen liegt, diesen gefährdeten Jungs und Mädchen mehr Aufmerksamkeit zukommen lassen können. Damit der Teufelskreis durchbrochen wird, dass immer mehr Jugendliche auf den Straßen umgebracht werden und immer mehr Kinder im Gefängnis enden. Indem ich den Insassen von San Quentin Musik nahebringe – und auch den gefährdeten Jugendlichen in der Erziehungsanstalt –, versuche ich meinen Teil zur Lösung dieses Problems beizutragen, auch wenn meine Möglichkeiten

begrenzt sind. Aber ich bleibe am Ball – nächste Woche ist ein neuer Kurs, mit einem neuen Song. Ich tue, was ich kann – Schritt für Schritt, eine Klasse, ein Kurs, ein Song.

3. November 1998

Heute ist Wahltag und die große Frage lautet: Wer wird Gouverneur von Kalifornien und wie gehen die Insassen von San Quentin damit um? Kümmert es sie überhaupt, was jenseits der Mauern passiert und wer unseren Staat regiert? Oder interessiert es sie einen Scheiß? Als ich heute Abend über den Hof gehe, höre ich, wie die Wachbeamten den Insassen Anweisungen und Befehle zubrüllen. Wann sie essen sollen, um welche Zeit welcher Kurs losgeht und wann sie im Bett zu liegen haben. Nachdem ich mich in die Besucherliste eingetragen, die Anwesenheitsliste für den Kurs abgeholt habe und am Max Shack vorbeigehe, stelle ich fest, dass ich nicht mehr so nervös bin wie die vorhergehenden Male, und hoffe, dass es von jetzt an immer leichter werden wird.

Seit ich hier unterrichte, hat es drei Einschlüsse gegeben – meistens als Folge von Auseinandersetzungen zwischen Gangs. Letzte Woche hatte es den Grund, dass ein Insasse mit einem selbst gebastelten Messer auf einen anderen eingestochen hat. Außerdem ist ein Wachbeamter von einem Insassen ziemlich übel zusammengeschlagen worden. Aber solche Sachen passieren, wenn man Menschen in Käfige sperrt und sie dazu zwingt, ein Leben zu führen wie die Affen im Zoo. Man züchtet einen Haufen wilder Tiere heran. Die Insassen werden von den Menschen draußen, wenn sie über die Häftlinge sprechen, oft Kanalratten genannt. Ich frage mich oft, was meine Schüler wohl verbrochen haben. Drogen? Mord? Vergewaltigung? Ich gebe mir alle Mühe, damit ihnen der Kurs Spaß macht, und sie bekommen von mir auch ordentlich Hausaufgaben, damit sie üben und sich auf etwas Positives konzentrieren müssen, auch wenn ich nicht da bin.

Die Lieder heute Abend sind »Who'll Stop the Rain« und »Santa Claus Is Coming to Town«. Es sind nur vier Schüler da. Ein sehr, sehr entspannter Abend. Ich bin alles andere als unglücklich, dass auch so etwas mal passiert.

Gegen acht geht die Tür auf, ein riesiger schwarzer Häftling steckt den Kopf herein und will wissen, was hier los ist. Er lächelt nicht, doch bevor er die Tür wieder schließt, sagt er: »Du bist also der Gitarrero, der die Musik in den Knast bringt. Weiter so! Das bringt die Arschgeigen da besser drauf. Bis später, Mädels.« Dann zieht er die Tür zu und lässt uns weitermachen.

Während die Klasse »Santa Claus Is Coming to Town« singt, sehe ich etwas, das sich für immer in mein Gedächtnis einbrennt. Zwei Wachbeamte auf dem Schießgang recken ihre Köpfe aus dem riesigen Fenster aus kugelsicherem Glas und schauen uns zu. Was für ein Bild! Es ist Vollmond, Nebelschwaden ziehen langsam vorbei und schließlich regnet es ein paar Minuten lang. Auf den

Fensterscheiben bilden sich schmutzige Streifen. Ich sitze da mit meiner Gitarre im Arm, während die Wachbeamten ihre Gewehre in den Händen halten. Ich glaube nicht, dass ich mich jemals daran gewöhnen könnte, dass mir immer Wachbeamte über die Schulter blicken. Irgendwie ist das nicht mein Ding.

Als der Kurs zu Ende ist, fragt mich einer meiner Schüler, ob ich auch selbst Songs schreibe, und wenn ja, ob ich ihnen nicht einen davon vorsingen könnte. Also singe ich das Lied mit dem Titel »Please Come Home«, ein Song, den ich für Polly Klaas geschrieben habe, das kleine Mädchen, das im Norden Kaliforniens entführt und ermordet wurde.

Die Reaktionen meiner Schüler sind beeindruckend. Während des Liedes bleibt kein Auge trocken. Zwei der älteren Schüler schnäuzen sich die Nase und wischen sich über die Augen, während die anderen ihre Gesichter in ihren Händen vergraben. Anscheinend haben sie alle selbst Kinder, sonst würden sie nicht so reagieren. Der Typ, der Polly Klaas entführt und ermordet hat, sitzt nun im Todestrakt von San Quentin. Sein Name ist Richard Allen Davis und viele Gefängnisinsassen in ganz Kalifornien hassen ihn, weil sie ihm die Einführung des »Three Strikes«-Gesetzes für Wiederholungstäter und Kindsmörder zu verdanken haben. Seit der Einführung dieses Gesetzes platzen die Gefängnisse Kaliforniens förmlich aus den Nähten. Als der Unterricht zu Ende ist, gehe ich an meinen Schülern vorbei, die entweder stehen oder sitzen und auf die Anweisung warten, wieder in ihre Zellen zurückzukehren. Die meisten rauchen billige, selbst gedrehte Zigaretten, während sie sich über den Unterricht unterhalten oder noch ein bisschen Gitarre spielen.

Als ich den letzten Kontrollpunkt vor dem Ausgang betrete, kommt mir der Abend fast eine Spur zu idyllisch vor. Möwen segeln durch die Luft, eine kühle Brise streicht mir durch die Haare. Ich bin froh, dass ich hier raus und einfach nach Hause fahren kann. Es war aber auch toll, meine Schüler lächeln und lachen zu sehen, während sie diese Lieder spielten und sich aufführten wie kleine Kinder in der Schule. Vielleicht haben einige von ihnen nie etwas zu lachen gehabt. Im Gefängnis bietet sich die Gelegenheit dazu bestimmt auch nicht allzu oft. Schön, dass sie wenigstens ab und zu mal entspannen können. Der Mond scheint und in der Dunkelheit zeichnen sich die Silhouetten der Wachposten auf dem Schießgang ab und verbreiten eine bedrohliche, einschüchternde Atmosphäre. »Komm bloß nicht auf dumme Gedanken, sonst…« Was für ein merkwürdiges Reich. Doktor Rock in der Strafkolonie. Wie wird es wohl nächste Woche sein?

1. Dezember 1998

Das siebte Mal in San Quentin. Die letzten drei Wochen ist der Unterricht ausgefallen, weil mein grüner Gefängnisausweis noch nicht fertig war. Ich hoffe, dass ich ihn bald bekomme. Die Male davor hat meine Vorgesetzte mich immer begleitet, doch dann wurde sie krankgeschrieben und der Kurs ist ausgefallen, weil man mich mit den Insassen noch nicht allein lassen will. Ich muss zuerst sowohl ihr Vertrauen als auch selbst genügend Sicherheit gewinnen. Ich darf keine Bedenken haben, mit einer Gruppe Strafgefangener in einem Raum im Gefängnis eingesperrt zu sein. Der Grund, warum ich letzte Woche nicht kommen konnte, war eine Hinrichtung. Wann immer eine Exekution stattfindet, wird ein Einschluss über das gesamte Gefängnis verhängt. Es muss sehr seltsam sein, wenn man während eines Einschlusses als Wachbeamter Dienst hat. Sämtliche Insassen in ihren Zellen eingesperrt. Heftig! Eine Atmosphäre wie in einer Geisterstadt aus einem Kinowestern – Totenstille, nur das Geräusch der Stiefel der Wachbeamten, das Klappern der Schlüssel an ihren Gürteln und das Geschrei der Möwen am Himmel.

Ich habe ein mulmiges Gefühl, heute Abend am Osttor vorbeizugehen, weil ich erst letzten Dienstag im Fernsehen Bilder von Demonstranten gesehen habe, die mit Schildern, Sprechchören und Gebeten gegen die Hinrichtung protestierten. Manchen Leuten ist es ziemlich egal, wenn Häftlinge hingerichtet werden, so sei nun mal das Gesetz, sagen sie. Andere lehnen diese Praxis strikt ab.

Heute Abend lächelt niemand. Nirgendwo im ganzen Gefängnis herrscht allzu große Freude. Es ist ruhig. Man kann es förmlich an der Luft spüren. Die Insassen, das Personal und die Wachen – alle sind wie benebelt und agieren

beinahe wie Roboter. Eine surreale Atmosphäre. Ich versuche, meine Meinung zur Todesstrafe auszublenden, die entsprechenden Gedanken wären zu finster.
Nachdem ich mich in die Anwesenheitsliste eingetragen und meinen Laufzettel erhalten habe, mache ich mich auf den Weg zu meinem Kurs. Vor dem Unterrichtszimmer warten fünf Häftlinge mit ihren Gitarren in der Hand und alle sehen aus wie traurige kleine Jungs. Meine Chefin schließt die Tür auf und lässt die stickige Luft abziehen. Nachdem wir zehn Minuten lang die Gitarren gestimmt haben, zeige ich meinen Schülern die Songs »Jingle Bells« und »Blue Christmas«. Eine Stunde später habe ich fünf Elvis-Imitatoren vor mir, die jeweils ihre Version von »Blue Christmas« zum Besten geben. Was für ein Anblick! Sie machen alles nach, seinen Hüftschwung, seine Tanzbewegungen und sogar die Art, wie er über die Bühne schlenderte und sich beim Publikum bedankte. »*Thank you very much!*« Bei »Jingle Bells« müssen alle lächeln, vermutlich, weil es die meisten an ihre Kindheit erinnert. Weihnachtslieder haben es an sich, dass man sich wieder in seine Kindheitstage zurückversetzt fühlt – in jene unbeschwerte Zeit, als einen nur die Sorge plagte, nicht zu spät zum Essen zu kommen und sich nicht erwischen zu lassen, wenn man schon vor der Bescherung unter den Weihnachtsbaum gelinst hatte.
Um neun Uhr geht die Tür auf, zwei Wachbeamte kommen herein und sagen: »Okay, Mädels. Zeit, Schluss zu machen und ins Bett zu gehen. Bettenappell ist in 20 Minuten.« Also nehmen die Häftlinge ihre Gitarren und ver-

lassen im Gänsemarsch das Klassenzimmer. Als ich die Tür hinter mir schließe, sagt einer der Wachbeamten: »Hey, Guitar Man, danke, dass Sie hierherkommen und Musik in diesen Laden bringen. Ich weiß, dass die Insassen sich jedes Mal drauf freuen, und das allein hält sie schon davon ab, einfach durchzudrehen.«
Beim Abschied überkommt mich eine gewisse Traurigkeit, weil ich weiß, dass etliche meiner Kursteilnehmer das Q niemals verlassen werden. Dennoch kann ich auf dem Heimweg kaum an etwas anderes denken als an die fünf Elvis-Imitatoren hinter Gittern beim Singen von »Blue Christmas«. Meine Frau wird mir nicht glauben, was ich ihr von heute Abend erzähle. Jailhouse-Rock-'n'-Roll à la Elvis.

15. Dezember 1998

Ein bedeutender Abend für mich. Das erste Mal, dass ich mit den Häftlingen allein bin. Keine Chefin, keine Wachbeamten. Nur die Insassen und ich. Nur bewaffnet mit einer Trillerpfeife und meiner Gitarre. Drückt mir die Daumen!
Wieder mal ist es neblig und kalt, als ich mich in die Besucherliste eintrage und sämtliche Kontrollstationen passiere, um reingelassen zu werden. Diese Prozedur dauert jedes Mal mindestens 10 bis 20 Minuten, manchmal noch länger. Unweit des Max Shack, kurz bevor ich die Tür zum

Fortbildungszentrum erreiche, lächelt mich ein schwarzer, schon etwas älterer Häftling an und sagt: »Frohe Weihnachten, Chef. Haben Sie 'ne Zigarette?«
Darauf kann ich nur antworten: »Nein, Sir, ich rauche nicht.«
Er macht große Augen und er strahlt über das ganze Gesicht. »Mein Sohn, haben Sie mich gerade ›Sir‹ genannt? Hier drin, in San Quentin, werden die Insassen nie mit ›Sir‹ angesprochen. Danke und Gott segne Sie!« Er geht langsam davon und ich frage mich, wie lange er wohl schon hier ist.
Einer nach dem anderen trudelt im Klassenzimmer ein – meine Schüler. Wie kleine Jungs in der sechsten Klasse. Sie bedanken sich bei mir und überreichen mir eine selbst gebastelte Weihnachtskarte. Es ist ein ruhiger, friedlicher Abend in San Quentin. Weihnachten liegt in der Luft. Auf dem Programm stehen heute »Rockin' around the Christmas Tree« und »Deck the Halls« – mit Gitarre und Gesang. Ich muss sagen, alle acht Teilnehmer haben als Gruppe noch nie so gut geklungen wie heute. Jeder singt aus vollem Hals und spielt sich die Seele aus dem Leib. Es ist immer wieder eine Prüfung für meine Seele, hierher nach San Quentin zu kommen und den Insassen Musikunterricht zu geben, mit ihnen Gitarre zu spielen und zu singen. Ich bin so froh, dass ich diesen Menschen, die mit Glück wahrlich nicht gesegnet sind, durch die Musik Spaß und Freude vermitteln kann.
Zehn Minuten vor neun schmettert die ganze Klasse

»White Christmas« – und zwar mit solcher Inbrunst, dass sie es nicht bei einem Mal belassen, sondern gleich noch zweimal dranhängen. Weihnachten in San Quentin. Als der Unterricht zu Ende ist, wünschen mir alle Teilnehmer noch einmal frohe Weihnachten und schütteln mir zum Abschied die Hand. Mir tun die Familien der Häftlinge leid; es macht mich traurig, dass überall in Kalifornien die Kinder der Gefängnisinsassen an diesem Abend schlafen gehen werden, ohne dass ihr Vater sie in den Arm nimmt und ihnen fröhliche Weihnachten wünscht. Das muss schwer sein für diese Kinder – und vermutlich noch schwerer für deren Mütter.

Als ich das Gefängnis verlasse, höre ich in der Gefängniskapelle einen Chor singen. »White Christmas«, »Silent Night« und »O Little Town of Bethlehem«, und ich ertappe mich dabei, dass ich mitsinge. Da stehe ich nun wie Gene Kelly in *Singing in the Rain*, schnippe mit den Fingern und steppe auf dem Gefängnishof, während ein leichter Nieselregen gegen das Kirchenfenster fällt. Am liebsten würde ich wieder reingehen und mitmachen. Ich bin so guter Laune, dass mich nicht einmal der Wachbeamte stört, der zu mir kommt und sagt: »Was zum Teufel veranstalten Sie denn hier? Sie sind der erste Mensch, den ich je im Gefängnis tanzen sehe. Und das auch noch bei Regen. Sind Sie völlig durchgeknallt oder was?«

Ich antworte: »Oh, tut mir leid mit dem Tanzen. Ich mach's nie wieder, versprochen.«

Daraufhin blafft der Wachbeamte: »Gehen Sie weiter, mein

Junge. Und fröhliche Weihnachten. Und fahren Sie nach Hause.«

Bevor ich das Gefängnis verlassen kann, muss ich durch eine riesige Zelle, eine Art Schleuse für Leute von außerhalb, die entweder kommen oder gehen. Wann immer ich hier bin, wird mir heiß und kalt zugleich. Es passiert jedes Mal, wenn die Stahltür krachend ins Schloss fällt. Ich bin gerade dabei, mich vom Personal zu verabschieden, als mir ein großer Fernsehmonitor ins Auge fällt, der über dem Haupteingang montiert ist. »Frohe Weihnachten und willkommen im Staatsgefängnis San Quentin«, ist darauf in leuchtenden Buchstaben zu lesen. Was für ein Witz! Beim letzten Kontrollpunkt sehe ich, wie zehn Häftlinge in weißen Overalls, die mit Ketten aneinandergefesselt sind, in einen Gefangenentransporter verladen werden. Ich frage den diensthabenden Wachbeamten: »Was ist mit denen los?«

»Die Typen hier haben ihre Zeit abgesessen für den Mist, den sie gebaut haben. Aber Sie können Ihren rechten Arm drauf wetten, dass es nicht mal ein Jahr dauert, bis acht von den zehn, die Sie da sehen, wieder hier sind.«

Als ich an meinem Wagen ankomme, bin ich ziemlich aufgewühlt. Kein Wunder, dass man in diesem Laden verrückt wird. Wie viele von den Insassen, die hier ihre Strafe abgesessen haben, landen irgendwann wieder hier? Wann immer ich dienstagabends nach Hause fahre, danke ich Gott dafür, dass er mir die Liebe meiner Familie, Glück und die Freiheit geschenkt hat.

5. Januar 1999

Der Himmel ist grau und es regnet ziemlich heftig. Normales Winterwetter hier im Norden Kaliforniens. Es herrscht kaum Verkehr auf den Straßen und die Einlassprozedur dauert auch nur zehn Minuten. Selbst der Papierkram ist in zwei Minuten erledigt. Als ich auf dem Gefängnishof bin und in Richtung Ausbildungsraum laufe, bildet mein Atem kleine Wölkchen. So kalt ist es also. Auf dem Hof sind nur wenige Insassen, die sich miteinander unterhalten oder darauf warten, in den Speisesaal eingelassen zu werden. Im Gefängnis muss man auf alles warten. Das ist es, was einen so mürbe macht. Man lebt von einer Stunde zur nächsten.

Laut meinem Vertrag muss ich noch vier Termine in San Quentin absolvieren. Wie schon gesagt, die Atmosphäre im Gefängnis hat mich mächtig beeindruckt und mitgenommen. Als ich diesen Job annahm, hatte ich keine Vorstellung, was mich erwarten würde. Jede Stunde ist wie eine Ewigkeit – eine Ewigkeit, erfüllt mit Qualen und Schmerzen. Während ich den Unterricht vorbereite, kommen drei Häftlinge mit ihren Gitarren herein. Sie sind triefnass, aber dennoch ganz scharf darauf, ein paar neue Songs zu lernen. Ich arbeite die Anwesenheitsliste ab und stelle fest, dass es heute Abend bei diesen drei Teilnehmern bleiben wird. Also gehe ich es geruhsam an und zeige ihnen die Songs »King of the Road«, »Twist and Shout« und »Born to Be

Wild« – für jeden Schüler ein Song. So entspannt wie heute war noch kein Kurs, den ich gehalten habe. Geradezu ein Spaziergang.
Um viertel vor neun lasse ich jeden Teilnehmer sein Lied noch mal vorspielen. Der erste singt »King of the Road« und macht es gar nicht mal schlecht, der zweite versucht sich an »Born to Be Wild«, bevor wir alle zusammen »Twist and Shout« singen, sodass der letzte Teilnehmer sich aufs Gitarrespielen konzentrieren kann. Alle lachen und haben großen Spaß.
Einer der Häftlinge sagt zu mir: »Ich wollte, Sie könnten ein bisschen länger bleiben. Wenn Sie da sind, vergisst man glatt, dass man im Gefängnis ist. Sie bringen so etwas wie Ruhe und Frieden in dieses Höllenloch. Und dafür verdienen Sie unseren Respekt.«
Um Punkt neun erscheinen zwei Wachbeamte und erklären: »Schluss für heute. Bettenappell ist in fünf Minuten.«
Hastig packen die Häftlinge ihre Noten und die Gitarren zusammen. Sie müssen sich diesmal wirklich beeilen, die Treppe herunter, durch die Tür und dann quer über den Hof zu gehen, um rechtzeitig für den Bettenappell in ihrer Zelle zu sein.
Abend für Abend ist es die gleiche langweilige Prozedur. Immer dasselbe. Nie ändert sich irgendetwas. Auf der Nachhausefahrt bete ich wieder darum, dass die Kids, denen ich morgen im Jugendgefängnis begegne, niemals hier enden werden, um wie Straßenköter oder Kanalrat-

ten leben zu müssen, die immer wieder aufs Neue genötigt sind, ihr Revier abzustecken und zu verteidigen.
Während hinter mir die Lichter von San Quentin allmählich verblassen, muss ich wieder einmal daran denken, dass es ein Segen ist, Musik machen zu dürfen und zu unterrichten und auch noch dafür bezahlt zu werden. Und damit hoffentlich auch noch etwas zu bewirken.

12. Januar 1999

Heute ist es das neunte Mal, dass ich nach San Quentin komme, um Musikunterricht zu geben. Ich empfinde eine Mischung aus Stolz und Dankbarkeit für die Möglichkeit, hinter diesen Mauern Gitarrenunterricht zu geben. Ich bin noch immer ganz erschlagen von der Vielzahl der Eindrücke und all dem, was ich in gerade mal neun Wochen über das Leben im Gefängnis gelernt habe. 28 Stunden, in denen ich Häftlingen in San Quentin beizubringen versuchte, wie man Gitarre spielt und dazu singt. Es war eine beeindruckende Erfahrung, aber was noch toller ist, sind die ganzen Geschichten, die ich von hier mitbringe und den Kids im Jugendgefängnis erzähle. Manchmal erscheint es mir, als bestünde der einzige Unterschied zwischen den beiden Strafvollzugsanstalten darin, dass die Wachbeamten in San Quentin Waffen tragen und dass die Zeit dort stehen zu bleiben scheint. In San Quentin gibt es nichts, was schnell geht. Alles läuft im Zeitlupentempo ab, außer wenn ein

Einschluss bevorsteht. Dann bewegen sich die Wachbeamten flink wie die Wiesel.
Je öfter ich hierherkomme, desto mehr fällt mir auf, dass die Gebäude sehr alt sind und eine gewisse Kälte ausstrahlen. Überhaupt empfinde ich die Atmosphäre in San Quentin als kalt und einsam.
Beim Einchecken heute Abend erklärt mir meine Chefin: »Buzzy, Ihr Unterricht kommt richtig gut an. Und deswegen habe ich tolle Neuigkeiten für Sie. Man hat Ihnen einen weiteren Zwölf-Wochen-Kurs hier in San Quentin bewilligt. Dieses Mal in einem anderen Trakt, dem H-Unit.« Ich bin total begeistert. Einmal in der Woche nach San Quentin zu kommen, ist einfach aufregend, und ich bedauerte es schon, dass in drei Wochen damit hätte Schluss sein sollen.
Heute Abend ist es kalt, neblig und regnerisch. Bei grauem Himmel ist die Atmosphäre hier im Gefängnis noch niederdrückender. Ich hake die Anwesenheitsliste ab und stelle fest, dass heute acht Schüler darauf brennen loszulegen. Auf dem Programm stehen »Runaway« und – auf Bitten der Teilnehmer – »I Fought the Law«. Ein Schüler sagt: »Hey, Buzzy, ich übe jeden Tag Gitarre, manchmal zehn Stunden lang. Sieben Tage die Woche.«
Bei »Runaway« lasse ich einen Häftling singen, während die anderen Gitarre dazu spielen. Er klingt ein wenig wie eine schlechte Tom-Jones-Kopie, aber er strahlt über beide Ohren und alle Beteiligten müssen lachen, als er um die Stühle herumtanzt.

Kurz vor Unterrichtsende hebt einer der Schüler die Hand und ruft: »Auszeit, Mädels! Ich muss Buzzy was sagen. Wir alle wollen Ihnen dafür danken, dass Sie hierherkommen und uns Gitarrenunterricht geben. Da kommt man sich als Häftling wenigstens einmal nicht vor wie eine Nummer.« Er erzählt außerdem, dass auch die anderen Insassen, seitdem sie an diesem Kurs teilnehmen, ein wenig mehr Selbstvertrauen und zum ersten Mal in ihrem Leben so etwas wie Selbstgefühl entwickeln. Und das alles nur durch das Gitarrespielen.

Er fügt noch hinzu, wie sehr er sich jedes Mal auf den Unterricht freut, weil er in dieser Zeit dem Druck des permanenten Eingesperrtseins entgehen kann. Er muss noch 18 Monate absitzen, und da ist der Gitarrenunterricht eine prima Möglichkeit, die Zeit totzuschlagen.

Während ich ihm zuhöre, wird mir klar, wie leicht im Gefängnis freundschaftliche Beziehungen entstehen können, was bei der Arbeit mit Gefangenen allerdings sehr problematisch ist. Das Handbuch für die Angestellten in San Quentin warnt ja auch ausdrücklich vor sämtlichen Formen der Kameraderie zwischen Lehrern, Wachbeamten und Insassen, da dies üble Folgen haben kann. Dass ein Häftling nach seiner Entlassung bei mir zu Hause auftauchen könnte, ist das Letzte, was ich mir wünsche. Da würden sämtliche Warnlichter aufleuchten. Und meine Frau wäre garantiert auch nicht begeistert.

Als ich vom Parkplatz fahre, schrillen Alarmglocken und Wachbeamte rufen: »Da hinten ist eine Schlägerei!« Es ist wieder einmal eine wilde, chaotische Nacht im Staate San Quentin. Ich schüttele den Kopf und frage mich, ob ich mit meinem Gitarrenkurs wirklich etwas bewirke – nicht nur hier, sondern auch im Jugendgefängnis. Ich kann nur abwarten. Aber damit aufzuhören kommt für mich auch nicht infrage.

19. Januar 1999

Heute Nacht scheint zum ersten Mal seit einer ganzen Weile wieder einmal der Mond und der Himmel ist wolkenlos. San Quentin lässt mich noch immer schaudern. Man muss ständig auf der Hut sein, darf niemals unaufmerksam sein. Manchen der Insassen hier macht es nichts aus, eingesperrt zu sein oder darauf zu warten, irgendwann begnadigt zu werden. Keine große Sache. Früher oder später werden sie schon wieder in den Genuss der Freiheit kommen. Mich würden dieser Zeitfaktor und die Warterei wahnsinnig machen.

Heute Abend gibt mir der Wachbeamte einen kleinen Kasten, der im Gefängnis-Slang »Panikknopf« genannt wird. Er sieht aus wie eine etwas groß geratene Fernbedienung für den Fernseher. Er ist grau und hat ein paar rote Knöpfe. Wenn man fürchtet, dass das eigene Leben in Gefahr ist, braucht man nur auf einen dieser Knöpfe zu drücken und, rums!, bricht die Hölle los. Sofort stürmen Wachbeamte herbei und kommen einem zu Hilfe. Ich habe gemischte

Gefühle, was dieses Ding betrifft. Die Vorstellung, dass ich den Panikknopf vielleicht benutzen müsste, vermiest mir den Spaß am Unterricht und lässt mich zweifeln, ob ich überhaupt noch hierherkommen möchte.

Als ich mich mit dem Kasten in der Hand auf den Weg mache, sagt ein anderer Wachbeamter zu mir: »Wenn der Knopf nicht funktioniert, versuchen Sie's mit Schreien oder, noch besser, benutzen Sie Ihre Trillerpfeife. In null Komma nix wird jemand da sein, um Ihnen zu helfen.«

Nun ja, es beruhigt mich ungemein, dass mir die Wachbeamten im Falle eines Falles zu Hilfe kommen würden. Aber ob sie mich auch wirklich hören würden?

An der Tür zum Ausbildungsraum tippt mir einer meiner Schüler auf die Schulter. »Welche Songs bringen Sie uns heute bei, Buzzy?« Ich sage ihm, dass zwei Rolling-Stones-Songs auf dem Programm stehen – »Jumpin' Jack Flash« und »Under My Thumb«.

Heute Abend habe ich wieder nur vier Schüler. Manche sind im Einschluss, andere tätigen ihren monatlichen Anruf bei der Familie. Die Saiten auf den Gitarren der Schüler sind völlig abgenudelt und rostig. Also ziehen wir in der ersten Stunde erst einmal neue Saiten auf, bevor wir zu den Rolling-Stones-Songs kommen. Ich stelle fest, dass meine Schüler in den letzten beiden Wochen erstaunliche Fortschritte gemacht haben. Einer von ihnen fragt, ob er die alten Saiten behalten kann. Bevor ich Nein sagen kann, schließen sich die übrigen Teilnehmer an. Nun liegt es natürlich auf der Hand, dass es nicht gerade ungefährlich

ist, Gefängnisinsassen mit rostigen alten Gitarrensaiten herumlaufen zu lassen. Damit kann jemand umgebracht werden. Ich habe allerdings auch gehört, dass die meisten Tätowierungen im Gefängnis mit abgebrochenen, in Tinte getauchten Gitarrensaiten gemacht werden.
Also lautet meine Antwort: »Tut mir leid, ist nicht drin.« Und dann beginnen wir mit »Under My Thumb« und »Jumpin' Jack Flash«.
Um Viertel vor neun kommen zwei Wachbeamte ins Klassenzimmer und hören eine Weile zu. Ich spüre, wie meine Schüler sich verkrampfen und nervös werden wie kleine Jungs. Außerdem passt es ihnen überhaupt nicht, dass der Unterricht für heute zu Ende sein soll und dass der Kurs nächste Woche ausläuft. Sie sind gerade dabei, eine richtig gute Gruppe zu werden, und jetzt soll nächste Woche Schluss sein? Ich habe diese Klasse innerhalb von zwölf Terminen zu einem Haufen echt guter Gitarristen gemacht und mich jetzt einfach so zu verabschieden, fällt mir schwer. Es ist ein trauriger Moment. Meine Schüler sehen aus wie kleine Kinder mit Tränen in den Augen.
Ich finde es schade, dass dieser Kurs nun zu Ende ist, bin aber gleichzeitig überglücklich, dass mir ein weiterer Kurs bewilligt wurde, der nächste Woche im H-Unit beginnen soll. Wenn Sie je das Gefühl hatten, Ihr Leben sei nicht lebenswert, dann kommen Sie nach San Quentin und verbringen Sie hier zwei Stunden. Da lösen sich die Probleme ziemlich schnell, denn man bekommt mit einem Mal eine völlig andere Perspektive. Einer der Wachbeamten fragt

mich, ob wir einen Song für ihn spielen würden, bevor wir Schluss machen.
»Das liegt an meinen Schülern«, sage ich. »Seid ihr dazu bereit?«
Alle nicken, und so spielen und singen wir in den nächsten fünf Minuten »Jumpin' Jack Flash«. Es dauert nicht lange, da stimmen auch die Wachbeamten in den Gesang mit ein. Es ist das erste Mal, dass ich Wachbeamte und Insassen in einem Raum erlebe, ohne dass eine angespannte Atmosphäre herrscht – stattdessen lächeln und singen sie gemeinsam. Als der Song zu Ende ist, bedanken sich die Wärter bei mir und den Schülern.
Als sie wieder weg sind, erhebt sich einer der Kursteilnehmer und sagt: »Scheiß auf die Arschlöcher. Die singen doch wie kleine Mädchen. Buzzy, noch mal vielen Dank dafür, dass Sie hierhergekommen sind und mit uns abgerockt haben. Sie sind ein echt cooler Typ. Das denken hier alle.«
Und damit ist der Kurs für heute beendet.
Die Bilder dessen, was da gerade passiert ist, gehen mir auf dem ganzen Weg zu meinem Wagen durch den Kopf. Dort angekommen, falle ich beinahe in Ohnmacht – so sehr setzen die Emotionen und das Adrenalin meinem Körper zu.
Nächsten Dienstag ist der letzte Termin im North Block, danach geht es weiter im H-Unit. Ich frage mich, was die nächste Woche wohl bringen wird.

26. Januar 1999

Heute ist mein letzter Abend mit den Häftlingen im Haupttrakt. Der nächste Unterricht wird wie gesagt im H-Unit stattfinden. Ich habe einige ziemlich kranke Geschichten über die Insassen dort gehört. Am Wochenende habe ich mir eine dicke Trillerpfeife zugelegt. Sie ist so laut, dass ich nur kurz hineinpusten muss, und schon bellen die Hunde in meiner Nachbarschaft fünf Minuten lang. Die Pfeife, die ich vom Gefängnispersonal bekommen habe, war alt, rostig und hat nicht besonders gut funktioniert. Ich hoffe, dass ich die neue Pfeife nie benutzen muss, denn wenn doch, dann bedeutet dies, dass ich schwer in der Patsche stecke.

Die letzten vier Monate meines Lebens kommen mir vor wie eine Ewigkeit. Dabei waren es gerade mal zwölf Unterrichtsabende.

Vor ein paar Tagen kam ein 14-Jähriger im Jugendgefängnis auf mich zu und meinte: »Buzzy, ich kann's gar nicht erwarten, mit meinen Kumpels im Q abzuhängen. Das wird echt krass. Ich wollte, ich könnte gleich jetzt einfahren. Du verstehst das alles nicht. Mit mir wird niemand rumficken. Ich stehe unter dem Schutz meiner Homies. Die passen auf mich auf.«

Meine Antwort war knapp: »Mein Junge, pass du lieber selber auf dich auf, sonst wirst du eine Knasthure. Ich hoffe, du stehst drauf, von alten Knackis das Gesicht abgeschlabbert zu kriegen. Denn genau das wird dir passieren. Gott behüte dich.«

Als ich zum Wachposten gehe, um meine Teilnehmerliste abzuholen, überlege ich, wie meine Schüler heute reagieren werden, denn bis auf Weiteres ist es mein letzter Abend mit ihnen.

Ich gehe zum Ausbildungsraum und werde von zehn Häftlingen begrüßt, die mit ihren Gitarren unterm Arm lächelnd unter der kleinen Brüstung bei der Tür stehen und leider erfolglos versuchen, sich einigermaßen trocken und warm zu halten. Ich schließe die Tür auf und einer nach dem anderen kommt herein, alle ein bisschen durchnässt, aber wenigstens sind wir dieses letzte Mal wieder vollzählig. Auf dem Programm steht der durch Eric Clapton berühmt gewordene Song »Before You Accuse Me (Take a Look at Yourself)« von Bo Diddley. Danach wiederholen wir noch einmal alles, was wir in diesen zwölf Abenden behandelt haben. Alles läuft völlig stressfrei und ruhig ab. Alle haben mächtigen Spaß am Singen und Gitarrespielen.

Als der Unterricht zu Ende ist, steht einer der Schüler auf und sagt: »Buzzy, wir haben Ihnen eine Dankeskarte gebastelt, aber werden Sie bloß nicht sentimental und fangen an zu heulen oder uns zu drücken. Denken Sie dran, wo wir hier sind – Staatsgefängnis San Quentin, klar?«

Auf der Karte steht: »Buzzy, danke, dass Sie uns die Musik wieder in die Herzen eingepflanzt haben. Wir werden Sie sehr vermissen, all Ihre Schüler aus dem Gefängnis.« Jeder hat unterschrieben.

Sie machen Witze über das Gefängnisleben, aber ich bin ein bisschen traurig ihretwegen. Endlich mache ich mich bereit zu gehen.

Sie verlassen einer nach dem anderen den Raum und schütteln mir die Hand oder umarmen mich, ein für uns alle sehr bewegender Moment. Nachdem sie weg sind, nehme ich meine Unterlagen und packe meine Gitarre und die Abschiedskarte der Häftlinge ein. Als ich die Tür öffne, steht vor mir der größte und am fiesesten aussehende meiner Kursteilnehmer. Der Kerl ist knapp 2,10 Meter groß, wiegt ungefähr 110 Kilo, ist schwarz und hat einen kahl geschorenen Kopf. Niemals habe ich ihn im Unterricht lächeln sehen, nicht ein einziges Mal. Und jetzt steht er da und lächelt mich an.

Er sagt: »Buzzy, ich muss Sie noch was fragen. Wussten Sie, dass die meisten in diesem Kurs Lebenslängliche sind? Wussten Sie das oder erfahren Sie das jetzt zum ersten Mal?«

»Niemand sagt mir, wie lange ihr hier absitzen müsst oder warum ihr hier seid – und ich will es auch gar nicht wissen. Mein Job ist es, Häftlingen Gitarrenunterricht zu geben. Und diesen Job mache ich richtig gern«, antworte ich.

Der Häftling sagt: »Die Musik ist wirklich ein Geschenk. Noch mal vielen Dank.« Er ermahnt mich, im H-Unit vorsichtig zu sein und gut auf mich aufzupassen und immer die Augen offen zu halten, denn das sei ein gefährliches Pflaster. Wir gehen in getrennte Richtungen und ich bringe es nicht fertig, mich noch einmal umzuschauen.

Als ich losfahre, geht mir noch einmal alles durch den Kopf, was mir hier in San Quentin schon passiert ist. Während der letzten zwölf Termine gab es drei Einschlüsse, zwei Hinrichtungen und zwei Bandenkriege. Nächste Woche werde ich einer neuen Klasse im H-Unit gegenüberstehen und ich frage mich, was dort wohl auf mich wartet und ob ich das überhaupt wissen will.

Im Reich der Irren: Das H-Unit

9. Februar 1999

Weil noch einiger Papierkram wegen des Wechsels vom North Block zum H-Unit zu erledigen war, hatte ich ein paar Wochen frei. Nun ist alles geregelt und ich habe endlich auch den Mitarbeiterausweis, sodass ich selbstständig kommen und gehen kann.

Das H-Unit ist ein Irrenhaus. Die Häftlinge hier haben den Großteil ihrer Strafe bereits abgesessen und nur noch zwei bis drei Jahre vor sich. Der Trakt sieht aus wie ein gigantischer Hundezwinger mit jeder Menge Stacheldraht. Ich denke mir: »Das hier wird ein wilder Ritt.« Ich bin von der Größe des Gefängnisses schier erschlagen – von diesem riesigen Symbol der Hoffnungslosigkeit. Als ich das Gelände zum ersten Mal von der Rückseite her betrete, sehe ich ein paar alte Backsteingebäude und Fabrikhallen. Und natürlich rasiermesserscharfe Drahtverhaue und überall schwer bewaffnete Wachbeamte. Man hat mir schon früher erzählt, dass San Quentin eines der ältesten Gefängnisse der Vereinigten Staaten ist. Und dass es hier 6.000 Häftlinge gibt – plus 500 im Todestrakt.

San Quentin hat seine eigene Strom- und Wasserversorgung. Es ist unabhängig vom Rest der Welt. Sollte einmal der Strom ausfallen, haben sie einen eigenen Generator. Es ist eine Stadt, die in Jeansstoff gehüllt ist. Vom Parkplatz aus wirkt das H-Unit riesenhaft. Die Schlaftrakte bestehen aus Backsteinen und Aluminium mit etwa

150 Häftlingen pro Gebäude. Das Personal nennt das H-Unit deshalb auch Camp Quentin. Dieses Lager hat fünf Kontrollpunkte, die jeder passieren muss, der hinein- oder herauswill. Und das, nachdem man den Hauptkontrollpunkt am Osttor schon passiert hat, wohlgemerkt. Zu der einschüchternden Wirkung trägt noch bei, dass das Wachpersonal hier mit Gewehren herumläuft und versucht, alles im Blick zu behalten. Irgendwo höre ich das Gebell von Wachhunden.

Beim Näherkommen sehe ich Häftlinge, die entweder Basketball spielen, Muskeltraining machen oder einfach nur abhängen und sich unterhalten. Es kommt mir vor, als hätte man mich einer Meute wilder Hunde in einem riesigen Zwinger zum Fraß vorgeworfen.

Der Kontrast zum rückwärtigen Teil von San Quentin könnte nicht größer sein. Der Abhang des Hügels ist gesäumt von den Häusern der Bediensteten – alle im Stil der Fünfzigerjahre erbaut. Kinder und Hunde rennen auf den Straßen herum, die auch zum Gefängnisgelände gehören. Es muss sehr seltsam sein, hier aufzuwachsen, im Schatten des Staatsgefängnisses. Am Wochenende auf der Veranda zu sitzen und den Insassen beim Baseball zuzuschauen. Zu hoffen, dass die Häftlinge wegen irgendeiner Schiedsrichterentscheidung nicht sauer werden und sich deshalb gegenseitig umbringen. Oder sich zu überlegen, ob wohl einer der Insassen versuchen wird, einem Mithäftling mit dem Baseballschläger eins überzubraten. Oder irgendeine andere Dummheit begeht. Möchte man seine Kinder hier aufwachsen sehen? Was ist, wenn jemand »Wo wohnst du?« fragt? Oder das Entsetzen der Freunde spürt, wenn man sie zum Essen einlädt? »Wollt ihr nicht vorbeikommen? Die Aussicht auf die Bucht ist eine Wucht.«

Ich werde häufig gefragt, ob die Insassen mit mir irgendwelche Spielchen versuchen. Meine Antwort darauf lautet gewöhnlich: »Wenn man mit einem Rudel wilder Hunde zu tun hat, die einem die Zähne zeigen und laut herumbellen, darf man keine Angst zeigen. Man muss standhaft sein und Kraft ausstrahlen und man muss den Respekt wahren. Wenn man ihnen nicht auf die Füße tritt, hat man gute Chancen, nicht gebissen zu werden. So in etwa muss man sich das vorstellen.«

Bei meiner Ankunft am ersten Kontrollpunkt zum H-Unit warten zwei Wachbeamte – ein Weißer und ein Schwarzer – auf mich. Sie untersuchen meinen Gitarrenkoffer, dann mich und lassen mich schließlich passieren. Einer der beiden fragt, ob ich meine Trillerpfeife dabeihabe, denn die sei jetzt, da ich im H-Unit unterrichte, mein Leibwächter und bester Freund zugleich.

Während ich die Eingangsformulare ausfülle, meint der Beamte am Tresen grinsend: »Ich hoffe, Sie haben einen ruhigen Abend mit Ihrem Kurs und dass nichts passiert. Halten Sie die Augen offen. Viel Glück, mein Junge.«

O, là là! Da kommt doch gleich Freude auf. Als ich den inneren Bereich des H-Unit betrete, komme ich an zehn Häftlingen vorbei, die wegen ihres monatlichen Anrufs zu Hause anstehen. Mir fallen beim Näherkommen ein paar hübsche junge Damen auf. Sie sind schwarz und unterhalten sich miteinander, während sie in der Schlange stehen und mich mustern. Ich bin verwirrt: Was zum Teufel machen diese Damen im H-Unit? Und dann fällt es mir wie Schuppen von den Augen. *Hallo!* Dies sind keine Damen. Das sind männliche Häftlinge, die wie Frauen aussehen und sich auch so benehmen.

Eine von ihnen wirft mir eine Kusshand zu und sagt: »Hey, Hübscher. Zeig mir deine Gitarre. Vielleicht kannst du uns ja was zum Kuscheln vorspielen.« Ich bin gerade mal drei Minuten im H-Unit, und schon kriege ich eine volle Dosis von der Stimmung ab, die hier herrscht. Als ich auf dem Haupthof ankomme, brüllt mir ein übel aussehender weißer Häftling, der gebaut ist wie ein Schrank, zu: »Hey, Peter Frampton, spiel uns was vor. ›Show Me the Way‹. Rock 'n' Roll, Boss. Party, volle Kanne.« Und dazu reckt er beide Daumen in die Höhe.

Bevor ich noch Luft holen kann, kommen zwei arabisch wirkende Häftlinge mit Turbanen auf dem Kopf auf die beiden Wachbeamten und mich zu. Sie singen irgendwelche Verse, in denen der Name Mohammed immer wieder vorkommt. Dann erklären sie den Wärtern und mir, was wir tun müssen, um unser Leben zu ändern. Irgendwie merkwürdig – schließlich sind sie ja diejenigen, die hier einsitzen. *Hallo? Wer von uns ist hier hinter Gittern?*

Als ich im Hauptgebäude des H-Unit ankomme, fühle ich mich ein bisschen besser. Allerdings wirklich nur ein bisschen. Sämtliche Insassen im H-Unit werfen mir Blicke zu, als wäre ich von einem anderen Planeten und gerade hier gelandet. Der ranghöchste Wachbeamte der Nachtschicht stellt sich mir vor und erzählt mir, dass er in ein paar Wochen in den Ruhestand treten wird. Dann zieht er nach Florida, sagt er, und dass er sich freut, diesen Scheißladen nicht mehr sehen zu müssen. 15 lange und beschwerliche Jahre hat er hier gearbeitet und dabei jede Menge Tragödien miterlebt. Schließlich lacht er laut und fügt hinzu: »15 Jahre sind eine lange Zeit, egal, wo man sie verbringt. Aber hier in San Quentin wird man dabei verrückt. Jeder. Das ist kein Quatsch, glauben Sie mir.« Ich kann ihm keinen Vorwurf machen. 15 Jahre in einem Laden wie San Quentin treiben jeden in den Wahnsinn.

Er findet, dass ich echt Mumm haben muss, denn hier im H-Unit hat noch keiner Musikunterricht gegeben. Ich bin der Erste, der so etwas versucht. »Viel Glück dabei. Sie werden es brauchen.«

Weil es ein neuer Kurs ist, sind die Bediensteten im H-Unit alle ein bisschen nervös und gereizt. Der Unterricht wird in einem Konferenzraum abgehalten, in dem normalerweise die Dienstbesprechungen stattfinden. Während ich mich noch mit einem der Wachbeamten unterhalte, dröhnt über Lautsprecher die Ansage: »Der Gitarrenkurs beginnt in zehn Minuten.«

»Na, dann mal viel Glück«, sagt der Beamte. »Wenn irgendwas passiert, benutzen Sie Ihre Trillerpfeife oder schreien Sie einfach laut los. Dann kommt Ihnen sofort jemand zu Hilfe.«

Da bin ich nun – im H-Unit – und warte darauf, dass meine Schüler zum Unterricht erscheinen. Einer nach dem anderen kommt in die Haupthalle, wo sie auf die Erlaubnis warten, mit mir zum Unterrichtszimmer zu gehen. Der Bürokomplex im H-Unit strahlt eine kalte und sterile Atmosphäre aus. Ein starker Geruch von Reinigungsmittel erfüllt die Luft. Die gleißend hellen Neonröhren an der Decke summen leise, die Böden sind so blitzblank, wie ich es in meinem Leben noch nicht gesehen habe.
Ich habe acht Schüler. Zwei von den Weißen sehen aus wie Piraten – dem einen fehlen vier Schneidezähne und der andere trägt eine schwarze Augenklappe. Beide sind am ganzen Körper tätowiert. Die mexikanischen Häftlinge sind noch ziemlich jung – bis auf einen, den ich auf etwa 60 schätze und der nie lächelt. Die Insassen hier im H-Unit wirken wesentlich bedrohlicher als die Häftlinge im North Block. Ihre Haltung scheint geprägt zu sein von dem Motto: »Leck mich, du Arschloch!« Anders als die Insassen des North Block werden diese hier irgendwann freikommen und vermutlich ist das auch der Grund für ihre Einstellung. Diese Häftlinge hängen in der Warteschleife. Ihre Einstellung ist: »Scheiß auf diesen Laden, scheiß auf die Wärter und das ganze Personal.« Sie wissen, dass sie in nicht allzu langer Zeit aus diesem Höllenloch herauskommen, warum sollten sie sich da noch groß anstrengen, um ihre Lage zu verbessern? Die Insassen im North Block hingegen strahlen eine gewisse Resignation aus. Sie wissen, dass San Quentin ihre Endstation ist.

Im Konferenzraum werden die Häftlinge ermahnt, sich zu benehmen, ansonsten wüssten sie ja, was passiert. Ich frage mich, was zum Teufel das bedeuten soll. Endlich schließt der Wachbeamte die Tür ab und sagt, dass er in zwei Stunden zurück sein wird. »Viel Glück«, fügt er im Gehen hinzu.

Alle hier wünschen mir viel Glück. Die letzte halbe Stunde habe ich fast nichts anderes zu hören bekommen. Nachdem der Beamte gegangen ist, schaut mich einer der Häftlinge an und sagt: »Ich spiele fünf Stunden am Tag Gitarre, sieben Tage die Woche. Ich will Blues spielen. Können Sie mir beibringen, wie man Blues spielt, Boss?«

»Klar«, sage ich. »Kein Problem.«

Ich erkundige mich bei jedem der Kursteilnehmer nach dem Stand seiner Fähigkeiten. Etwa die Hälfte von ihnen hat schon ein paar Kenntnisse, die anderen wollen so viel wie möglich lernen. Bei sämtlichen Gitarren müssen neue Saiten aufgezogen werden, deshalb dauert es noch einmal eine halbe Stunde, bis wir bereit sind abzurocken. Als erste Nummer steht Bob Segers »Old Time Rock and Roll« auf dem Programm und ich spüre schon nach wenigen Minuten die merkwürdige Stimmung, die in diesem Raum herrscht. Niemand lächelt auch nur ansatzweise. Also frage ich: »Wer kann diesen Song singen? Ich hätte gerne, dass einer von euch dieses Stück singt. Wer hat Lust?«

Das bricht das Eis. Zwei der Häftlinge schauen mich an – wie nette kleine Jungs, denen man gerade eine Tüte Süßigkeiten geschenkt hat.

Der eine ist ein Schwarzer mit Oberarmen, die so dick sind wie meine Oberschenkel. Lächelnd sagt er: »Kann ich als Erster singen? Ist das möglich, Boss?«
Daraufhin meint der andere: »Ich hab noch nie gesungen, aber wenn die anderen nichts dagegen haben, würde ich es gerne nach unserem Marvin Gaye hier probieren. Was meinen Sie? Können wir den Song ein paarmal durchgehen?«
Nachdem wir den Seger-Song dreimal gespielt haben, nimmt er allmählich Formen an. Ich lasse jeden der Schüler einen Vers singen und beim Refrain die ganze Gruppe mit einstimmen. Einer der Häftlinge erwähnt, dass er Bass spielen kann. Ohne weitere Worte zu verlieren, nimmt er seine Gitarre und spielt auf den beiden tiefen Saiten die Basslinie von »What is Hip« von Tower of Power. Wir anderen sitzen da und sind sprachlos. Der Kerl, ein Schwarzer, klingt fast wie auf einer Platte.
Mein erster Gedanke ist: »Mit dem wäre ich gern in einer Band. Er hat's echt drauf.« Das einzige Problem ist nur, dass er in San Quentin einsitzt – und das bestimmt nicht, weil er so ein netter Kerl ist.
Um Viertel vor neun kommt der Wachbeamte in den Konferenzraum und verkündet: »Die Party ist vorbei. Alles fertig machen, Papierkram einsammeln, Gitarren einpacken und den Arsch in Bewegung setzen. Zählappell ist in 15 Minuten.«
Ich atme erleichtert auf und sage zu meinen Kursteilnehmern: »Hervorragende Arbeit, meine Herren. Und denken Sie immer dran zu üben.« In diesem Moment habe

ich ein besseres Gefühl, was meine neuen Schüler angeht, gleichzeitig bin ich aber auch ein wenig betrübt wegen des alten Kurses im North Block. Irgendwie vermisse ich diese Kerle dort.

So nach und nach stelle ich fest, dass es in den verschiedenen Trakten von San Quentin ganz unterschiedliche Lebensstile und Haltungen gibt. Hier im H-Unit macht sich das besonders schnell bemerkbar. Es ist die Verzweiflung, die man spürt. Und von diesem Gefühl ist die Luft getränkt, die man atmet, und der Boden, über den man schreitet. Es ist das Land der geplatzten Träume und einsamen Herzen.

Ich entschließe mich, heute Abend nicht auf eine Eskorte zu warten, sondern allein zum Hauptposten zurückzugehen. Die zwei Minuten, um den Haupthof zu überqueren, kommen mir vor wie zehn Stunden. Als ich an diesen finster aussehenden Häftlingen vorbeigehe, überkommt mich mit einem Mal eine Heidenangst.

Am liebsten würde ich wegrennen, aber das kommt natürlich nicht infrage. Ich muss Pfiffe, Anmache und Luftküsse der Gefangenen über mich ergehen lassen. Es ist ein kranker Haufen, der einen schaudern lässt. Als ich endlich den Hauptwachposten erreiche, zittere ich am ganzen Leib und mein Hemd ist schweißnass. Aber ich lebe noch. Halleluja! Nie wieder werde ich so dämlich sein, ohne einen Wachbeamten an jeder Seite den Hof des H-Unit zu überqueren. Was zum Teufel habe ich mir dabei nur gedacht? Ich muss bescheuert gewesen sein.

Die Insassen im H-Unit haben eine ganz eigene Art zu reden: Im Gefängnis gibt es nur Slang. Die Häftlinge haben ihren eigenen Regelkodex, nach dem gelebt und gestorben wird. Für Verbrechen hinter Gittern gilt: Es passiert andauernd etwas, man braucht nur zu warten, bis es einen selber trifft. Auf dem Weg zu meinem Wagen bemerke ich einen Bereich, der von den Angestellten und den Insassen die »Ranch« genannt wird. Die Häftlinge in diesem Sektor können sich relativ frei bewegen. Es gibt keine Gitterstäbe, Zellen oder Stacheldraht. Dennoch sind die Beamten auf den Wachtürmen stets wachsam, haben die Gewehre im Anschlag. Verboten ist den Insassen der Ranch lediglich, die gestrichelte gelbe Linie auf dem Boden zu überqueren. Das darf nur das Personal. Bei fünf Wachposten würden die Gefangenen ohnehin nicht weit kommen.

Auf dem Heimweg muss ich noch einmal an diese schwarzen Häftlinge denken, die aussahen wie hübsche junge Damen. Wie sie mir mit ihren hohen Wangenknochen und langen Fingernägeln Luftküsse zuhauchten. Ihre Oberweite war bestimmt Körbchengröße C. Sie waren sogar angezogen wie Frauen – die Hemden so zusammengeknotet, dass man ihnen in den Ausschnitt sehen konnte. Einer der Wachbeamten erklärte mir, dass diese Häftlinge von den anderen als Zuckerpüppchen bezeichnet werden. Schwer zu verstehen und nachzuvollziehen. Immer weniger ist zu begreifen, wieso einige der Kids aus dem Jugendgefängnis unbedingt hier landen wollen.

Sie beharren darauf, dass ich keine Ahnung habe, dass niemand ihnen etwas tun oder sie anmachen wird, dass sie ganz gepflegt mit ihren Homeboys abhängen und die auf sie aufpassen würden, dass alles ganz entspannt sein wird und ich mir keine Sorgen machen soll. Die Wahrheit ist, dass sie hier drin ganz schnell erwachsen werden müssen. Du hast es so gewollt, also viel Spaß am Leben hinter den Mauern von San Quentin.

23. Februar 1999

Heute bin ich das zweite Mal im H-Unit. Das letzte Mal hat mich ziemlich aus der Bahn geworfen. Immer wieder musste ich an diese beiden Schwarzen denken, die ich anfangs für Frauen gehalten habe. Ich hoffe, dass ich sämtliche zwölf Abende hinter mich bringe, ohne allzu sehr auszurasten, wenn Häftlinge mir Luftküsse zuhauchen oder mich mit diesem miesen Gefängnisblick anstarren, um zu testen, ob ich dem standhalte.

Das H-Unit ist der übelste Ort, an dem ich je gewesen bin. Furcht einflößend. Ich dachte zuerst, im North Block würde eine düstere Atmosphäre herrschen, doch die ist nichts im Vergleich zu der hier. Irgendwie ist das H-Unit eine Zuchtanstalt für verlorene Seelen.

Ich parke meinen Wagen immer in der Nähe der Besuchertoiletten. Heute halte ich davor kurz an, stelle den Motor ab, verriegele die Tür und eile die fünf Stufen hinauf, um mein Geschäft zu verrichten und schnell wieder an meinem Wagen zu sein, bevor mich einer der Wachbeamten brüllend darauf hinweist, dass ich im Parkverbot halte. Die Häftlinge im Gefängnis stehen unter dauernder Beobachtung – beim Essen, beim Duschen, auf dem Klo, wenn sie sich unterhalten, wenn sie schlafen. Was immer ein Insasse im Gefängnis macht, stets ruhen die Augen von jemand anderem auf ihm. Privatsphäre in San Quentin kann man total vergessen.

Gewarnt durch die Erfahrungen bei meinem letzten Besuch bitte ich um eine Eskorte für den Weg. Über den Hof des H-Unit werde ich nie wieder allein gehen. Zu viele fiese Blicke seitens der Insassen, die einem »Fick dich« oder »ich will dich ficken« signalisieren.

Ich höre die knarzende Ansage aus den Lautsprechern außerhalb des H-Unit: »Der Musikunterricht beginnt in zehn Minuten. Der Guitar-Man ist da.« Am Hauptposten, wo ich um die Eskorte bitte, sitzen zwei Häftlinge. Sie sehen fies und hässlich aus. Sie lächeln kein einziges Mal, sondern sitzen nur da und blicken durch mich hindurch, als wäre ich Luft. Ich habe keine Ahnung, was man ihnen zu essen gibt, aber sie verströmen beide einen überaus ungesunden Geruch – wie Kuhmist oder saure Milch, gewürzt mit dem üblichen Gestank von Achselschweiß.

Als der Wachbeamte eintrifft, der mich zu meinem Klassenzimmer eskortieren soll, frage ich ihn als Erstes: »Was ist mit den beiden Häftlingen los, die im Büro sitzen? Warum stinken sie so furchtbar?«

Er stößt ein kurzes Lachen aus und erklärt: »Das ist der

sogenannte Knastgeruch. Sämtliche Insassen hier stinken, das ist nun mal so. Und was die beiden im Büro angeht – keine Ahnung, weswegen die da sind. Kann sich um Papierkram handeln, kann aber auch sein, dass sie wieder in den North Block verlegt werden sollen. Wen interessiert's? Der Laden hier ist ein verdammtes Irrenhaus.«

Während ich in seiner Begleitung über den Haupthof gehe, fällt mir erneut auf, wie viele der Insassen Basketball spielen, Muskeltraining machen oder einfach nur herumhängen. Es scheint mir, als ob das Leben im H-Unit in erster Linie darin besteht, nichts zu tun, außer darauf zu warten, dass die Zeit vergeht und dabei billige, selbst gedrehte Zigaretten zu rauchen.

Als ich im Inneren des Wachpostens angelangt bin, kommen drei Insassen auf mich zu und fragen mich, ob ich sie nicht auch in meinen Kurs aufnehmen kann. Aus ihren Gesichtern spricht die pure Verzweiflung: »Bitte bringen Sie mir bei, wie man Gitarre spielt, ansonsten drehe ich in diesem Scheißladen noch durch.«

Ich mache mir Mut, indem ich mir sage, dass mir hier drin nichts passieren wird, dennoch will ich auf keinen Fall irgendeinen der Häftlinge verärgern, solange ich in diesem Hundezwinger unterrichte. Also bleibt mir nichts weiter übrig als zu antworten: »Es tut mir leid, ich kann da gar nichts machen. Ihr müsst mit dem Leiter des H-Unit sprechen. Vielleicht kann der euch helfen. Ich kann jedenfalls nichts für euch tun.«

Als der Wachbeamte die Tür aufschließt, sagt er: »Sie müs-

sen irgendwas richtig machen, jedenfalls macht Ihr Name die Runde, und dabei sind Sie erst das zweite Mal hier. Mannometer, das ging ganz schön schnell.«
Krachend fällt die Stahlgittertür hinter uns ins Schloss. Aber ich muss ihm noch eine Frage stellen: »Was heißt das, dass mein Name die Runde macht?«
»Im Gefängnis dreht sich alles um Respekt, auf den ganzen Rest ist geschissen. Für die Insassen ist Respekt die oberste Regel. Und wie es aussieht, genießen Sie im H-Unit Respekt. Sie haben ganz schön Mumm, mein Freund. Kompliment. Ich wünsche Ihnen, dass der Kurs heute Abend glatt über die Bühne geht. Bis in zwei Stunden.« Während ich auf dem Flur auf meine Schüler warte, überlege ich mir, wie groß wohl die Fluktuation beim Gefängnispersonal sein mag. Ich könnte hier keine 40 Stunden pro Woche arbeiten. Allein bei dem Gedanken, jeden Tag in San Quentin antreten zu müssen, bekomme ich Kopfschmerzen.
Meine Klasse besteht heute Abend wieder aus acht Schülern. Einer berichtet, dass er nur noch ein Jahr und sechs Monate abzusitzen hat. Er ist seit fünf Jahren hier und diese Zeit hat sein Leben unwiderruflich verändert. Er sagt, das Leben im Gefängnis sei so, wie mit einer Meute wilder, durchgeknallter Hunde in einem riesigen Zwinger eingesperrt zu sein. Ich frage mich, wegen welcher Verbrechen meine Schüler hier gelandet sind – Drogen, Vergewaltigung, Mord, Autodiebstahl oder Bandenkriminalität? Im H-Unit laufen viele junge Gang-Mitglieder rum, die alle aussehen wie Haie auf der Suche nach dem nächsten Op-

fer. Manche scheinen noch keine 18 Jahre alt zu sein. Ich hake die Anwesenheitsliste ab, stimme alle acht Gitarren und zeige den Häftlingen dann »Rock This Town« von den Stray Cats und »Gloria« von Them. Eine Stunde später singen alle aus vollem Halse »G-L-O-R-I-A«. Ein toller Augenblick. Und was für ein Sound.

Meine Schüler scheinen heute etwas gesprächiger zu sein als beim letzten Mal. Sie stellen mir Fragen zur Musik und über das Leben draußen. Doch ihre Gesichter zeigen, wie sehr sie das Gefängnisleben seelisch mitnimmt. Für mich gilt die Regel, niemals über etwas anderes zu reden als über Musik. Ich kann stundenlang Vorträge über Musik halten, aber wenn es um andere Fragen geht, mache ich dicht. Und das sage ich auch allen Insassen: Musik ist kein Problem. Aber alles, was darüber hinausgeht – die Welt da draußen, meine Familie oder mein Privatleben –, ist tabu. Da schweige ich wie ein Grab.

Manche der Häftlinge, mit denen ich hier in San Quentin arbeite, wirken wie böse kleine Jungs, die mental nie erwachsen geworden sind. Es macht mich auf eine traurige Art dankbar, dass ich der erste Musiker bin, der im H-Unit Musikunterricht erteilt. Andererseits ist es auch ein gutes Gefühl, die Leute hier mit Musik in Berührung zu bringen, weil das wie Balsam für ihre gequälten Seelen ist. Ich habe den Eindruck, dass sich ihr Leben durch mich ein wenig zum Besseren wandelt. Ich kann zwar keine Rockstars aus ihnen machen, aber wenigstens darauf hoffen, dass sie durch die Musik etwas entspannter werden.

Zwei der Kursteilnehmer aus dem H-Unit jagen mir wirklich Angst ein. Einigen anderen traue ich nicht über den Weg. Ich bin immer wachsam. Sie alle scheinen mir wesentlich durchgeknallter und gestresster zu sein als die Teilnehmer von meinem ersten Kurs im North Block. Sie haben Tätowierungen auf den Armen, der Brust, den Beinen, den Fingern und dem Hals.

Tätowierungen sind eine große Sache. Es geht darum, machomäßig auszusehen und Kraft und Härte auszustrahlen. Härte ist das Höchste für die Insassen im Gefängnis. Die Tätowierungen werden mit Schreibtinte und Draht oder Gitarrensaiten gestochen. Garantiert tut es höllisch weh, sich zwei Stunden lang mit einer dreckigen, alten Gitarrensaite am Hals herumstochern zu lassen. Und das alles nur, um im Gefängnis den starken Mann markieren zu können.

Um Viertel vor neun kommen zwei Wachbeamte und entlassen uns aus dem Klassenzimmer. Wieder war es ein sehr bewegender Abend.

Weil mir die Erinnerung an meinen Weg allein über den Gefängnishof noch in den Knochen steckt, bitte ich um eine Eskorte für den Rückweg nach draußen. Der Leiter des Wachpersonals sagt mir, ich soll mich auf einen Stuhl setzen und warten, bis ein Wachbeamter zur Verfügung steht, der mich hinausbegleitet.

»Sie haben's doch nicht etwa eilig, mein Junge?«, fragt er mich.

»Nein, ich hab Zeit. Ich setze mich einfach hin und warte, vielen Dank.«

Nach einer halben Ewigkeit schwingt die Tür zum Hauptbüro auf, ein riesengroßer schwarzer Wachbeamter steckt den Kopf herein. Er schaut sich ganz langsam um, bis sein Blick endlich auf mich fällt. Seine Bewegungen werden noch langsamer und er schaut mich an und sagt mit einem leichten Grinsen: »Sie wollen in meine Richtung? Was ist los mit Ihnen? Ist der Affenzirkus da draußen zu viel für Sie? Willkommen im H-Unit, dem Irrenhaus von San Quentin!« Bevor ich etwas erwidern kann, fügt er hinzu: »Hier im Haupttrakt laufen manchmal bis zu 1.000 Insassen herum und das Wachpersonal besteht gerade mal aus zwölf Leuten. Es gibt jede Menge tote Winkel hier, die schlecht einsehbar sind – da ist das Gefahrenpotenzial ziemlich hoch. Oder was meinen Sie?«

Mir fällt nichts weiter ein als: »Wann gehen wir los?«

Der Wachbeamte richtet sich auf und brummt: »Wir machen den Abflug, mein Freund. Es geht sofort los.«

Auf dem Weg zum nächsten Wachposten erzählt er mir: »Die meisten Insassen hier werden, kaum dass sie draußen sind, nach drei oder vier Wochen wieder straffällig. Das hier ist ihr zweites Zuhause und da zieht es sie immer wieder hin. So ist das schon seit ewigen Zeiten. Sie werden diese Leute genauso wenig ändern wie ich. Sobald diese kleinen Gang-Arschlöcher in San Quentin landen, verlieren sie ihre Persönlichkeit. Sie sind keine Individuen mehr, sondern nur noch eine Nummer ohne Zukunft.«

Als wir beim letzten Wachposten ankommen, danke ich ihm für den Geleitschutz und verabschiede mich mit den

Worten: »Gute Nacht noch und passen Sie gut auf sich auf.«

Wie kommt es, dass manche jungen Typen geradezu versessen darauf sind, in einem Laden wie diesem hier aufzuwachsen, wo man immer wachsam und auf der Hut sein muss, weil man sonst einen alten Knacki am Hals hat, der einem den Nacken vollschlabbert, während er ihn abschleckt? Ich kann nicht verstehen, was daran so männlich sein soll, an diesem Ort der Verdammnis zu leben. Wer hinter diesen Mauern das Leben eines Strafgefangenen führen muss, nimmt dauerhaft Schaden an seiner Seele.

Das H-Unit macht mich jetzt schon fertig, obwohl ich dort erst zweimal unterrichtet habe, und laut Vertrag muss ich noch zehn Abende absolvieren. Was sich hier manchmal abspielt, spottet jeder Beschreibung, denn hier brechen sich die animalischen Instinkte Bahn, es geht um das Überleben des Stärkeren.

9. März 1999

Mein drittes Mal im H-Unit und das 15. Mal in San Quentin. Als ich am Eingang des Osttors vorfahre, um die Toilette zu benutzen, bemerke ich eine lange Schlange von Besuchern, die darauf warten, abgefertigt zu werden. Viele von ihnen gehören Kirchengemeinden an, andere sind Vertreter von Organisationen wie den Anonymen Alkoholikern oder den Anonymen Drogenabhängigen. Es kommen eine Menge Leute von außerhalb nach San Quentin, um den Gefangenen in irgendeiner Form beizustehen. Dazu gehören Freiwilligen-Organisationen wie die Toastmasters, die Heilsarmee, der Verband der Vietnamveteranen, Sportvereine und andere Organisationen. Sie werden von der Sozialstelle der Gemeinde koordiniert und bieten den Insassen Hilfe an.

Es dauert 15 Minuten, bis ich eingelassen werde. Ich fahre meinen Wagen zum Parkplatz an der Rückseite des Gefängnisses. Schon hier kann man den typischen Gefängnismief riechen. Nachdem ich geparkt habe, dauert es noch einmal zehn Minuten, bis ich ins H-Unit eingelassen werde. Wie gesagt – im Gefängnis dreht sich alles nur um Zeit. San Quentin löst bei jedem Besuch einen Adrenalinschub in mir aus. Es ist das Leben am Abgrund in seiner härtesten Form.

Kaum habe ich das Gelände des H-Unit betreten, kommen schon die ersten Anmachen. Sprüche wie »Hey, Süßer, wackel mal mit dem Arsch« oder »Hey, Musikus, was machst du nach dem Unterricht? Komm doch bei mir vorbei und spiel ein bisschen Kuschelrock für uns zwei«. Ich komme mir vor wie ein Stück Fleisch.

Der Wachbeamte der Nachtschicht fordert mich auf, heute Abend auf jeden Fall den Panikknopf mit in den Unterricht zu nehmen. Er sagt: »Sobald Sie das Gefühl haben, dass irgendwas schräg läuft, drücken Sie einfach drauf. Besser, man ist übervorsichtig, als dass was passiert.«

Ich will ihn gerade in meine Tasche stecken, da brüllt er

mich an: »Nicht in die Tasche stecken! Den Knopf nur drücken, wenn's wirklich nötig ist. Wenn das Ding erst mal losgeht, bricht hier die Hölle los. Das Einzige, was Sie dann noch hören, sind Stiefel, Schlüssel und Gewehre. Aber machen Sie sich mal keine allzu großen Sorgen, mein Junge. Übrigens: Ihre Schüler stehen schon alle in Reih und Glied und warten darauf, dass es endlich losgeht. Viel Spaß.«

Also ein bisschen bange kann einem bei diesen Worten schon werden, aber ich halte mich einfach an das, was er gesagt hat. Ich nehme den kleinen Kasten und halte ihn in der Hand – immer darauf bedacht, nicht versehentlich den roten Knopf zu berühren. Der Wachbeamte ermahnt meine Schüler, sich zu benehmen und keinen Scheiß zu bauen, dann winkt er uns noch einmal kurz zu und schließt die Tür. Als wir allein sind, sagt einer der Schüler mit einer Stimme tief wie ein Grab: »Hey, Buzzy, den Kasten da auf keinen Fall fallen lassen oder aus Versehen den Knopf drücken. Wenn Sie wollen, kann ich ihn nehmen, bis der Unterricht vorbei ist.« Daraufhin bricht ein schallendes Gelächter aus und ich komme mir ziemlich dämlich vor, aber irgendwann muss ich mitlachen.

Ein anderer Häftling sagt: »Machen Sie sich keine Sorgen, von uns geht Ihnen keiner ans Leder. Im Gegenteil, falls im H-Unit irgendwas abgehen sollte, dann passen wir auf Sie auf.«

Auf dem Programm stehen heute Abend »Sharp Dressed Man« von ZZ Top und »Burning Love« von Elvis. Die In-

sassen erzählen mir, dass, wenn es um Musik geht, ZZ Top und die Rolling Stones ganz oben auf der Hitliste der Gefangenen rangieren. Und wie in der letzten Woche sind sie beim Singen mit vollem Eifer dabei.
Ich freue mich darüber, dass auch die Teilnehmer an diesem Kurs ziemlich schnell locker werden und lächeln, sobald wir anfangen zu singen. Hier im Gitarrenkurs können wir alle ungestört Spaß haben, ohne uns bedroht zu fühlen. Elvis-Songs stehen im Gefängnis ebenfalls hoch im Kurs. Ich werde gefragt, ob wir in Zukunft mal »Jailhouse Rock« oder »Teddy Bear« angehen können. »Klar«, sage ich, »mit größtem Vergnügen. Ihr braucht nur zu fragen, und wir nehmen uns jeden Elvis-Song vor, den ihr wollt.« Und ich füge im Elvis-Bariton hinzu: »… and thank you very much«, worauf sich wieder allgemeines Gelächter erhebt.
Nachdem wir »Burning Love« siebenmal durchgespielt haben, versuchen sich zwei der Teilnehmer als Elvis-Imitatoren und schmettern die Zeile »I'm just a Hunka Hunka Burning Love« ganz im Stil des King of Rock 'n' Roll. Ich muss so sehr lachen, dass mir Tränen die Wangen runterlaufen und auf meine Gitarre tropfen.
Ich wische mir gerade das Gesicht ab, da geht die Tür auf. Der Wachbeamte blafft: »Okay, Mädels. Zehn Minuten bis zum Bettenappell. An eurer Stelle würde ich Gas geben. Es will ja wohl keiner zu spät kommen. Mr Guitar Man, Ihre Eskorte wartet.«
Hastig erheben sich alle, packen ihre Sachen zusammen

und gehen nacheinander aus dem Raum. Keiner stellt irgendwelche Fragen oder sagt auch nur ein Wort. Schweigend gehen wir den Flur entlang. Alle schauen starr geradeaus, keiner lächelt, alle tun nur, was ihnen gesagt wird. Beim Wachposten angekommen, sagt man mir, dass der Mann, der mich eskortieren soll, sich gerade einen Kaffee holt und ich mich noch kurz hinsetzen soll. Kaum habe ich auf meinem Stuhl Platz genommen, kommt der gleiche Wachbeamte wie letztes Mal herein – mit dem Unterschied, dass er diesmal lächelt und »Let's Stay Together« von Al Green trällert.

Er hört auf zu lächeln und sagt: »Sind Sie so weit? Ich bin nämlich Ihre Eskorte und mein Motor läuft. Also anschnallen und los geht's.«

Auf unserem Weg zum Außenposten erzählt er mir einiges vom H-Unit. Er sagt: »Im H-Unit herrscht ein ziemliches Machogehabe. Das liegt daran, dass 80 Prozent der Insassen junge, harte Burschen ohne Grips im Kopf sind. Hier gibt es Gang-Mitglieder und normale Häftlinge – eine ziemlich explosive Mischung. Und die Tatsache, dass schwarze oder mexikanische Kids aus armen Familien oder junge Weiße mit ziemlich üblen Manieren zusammengepfercht sind wie Hunde, macht es auch nicht besser. Im Gegenteil, wir haben hier jede Menge Probleme zwischen den Rassen und Gangs.«

Er fragt mich, wie mir der Unterricht gefällt und was meine Frau davon hält, dass ich im Gefängnis Gitarrenkurse gebe. Ich antworte: »Gitarrenunterricht zu geben macht mir einfach Spaß – egal, wo er stattfindet.« Ich gestehe ihm, dass mir das H-Unit zwar die Haare zu Berge stehen lässt, ich aber auch damit so langsam klarkomme. Was meine Frau angeht, berichte ich ihm von folgendem Erlebnis:

»Letzten Samstag fand in einem Gebäude außerhalb des eigentlichen Gefängnisses eine Vortragsveranstaltung statt, an der ich teilnehmen musste. Ich nahm meine Frau mit, weil sie San Quentin noch nie aus der Nähe gesehen hat. Als der Vortrag zu Ende war und sich alle verabschiedet hatten, schüttelte ich meiner Chefin noch kurz die Hand und dankte ihr für die Möglichkeit, den Insassen hier Gitarrenunterricht zu geben. Danach beschlossen meine Frau und ich, noch kurz den Souvenirshop zu besuchen. Dort werden Sachen verkauft, die von den Insassen hergestellt werden, und der Erlös wird verwendet, um den Betrieb aufrechtzuerhalten.

Auf dem Weg dahin sagte ich zu meiner Frau: ›Schatz, überlass alles mir. Sag kein Wort. Schau dich nur um.‹ Hinter dem Tresen des Shops saß ein Häftling. Seine Haare waren mit Pomade zurückgekämmt, auf seinen Hals waren die Worte ›Fuck you‹ tätowiert. Er saß einfach nur da und las ein Buch. Als die Tür des Shops hinter uns zuknallte, zuckte er nicht einmal mit der Wimper. Aus dem hinteren Raum drang Musik. Meine Frau und ich schauten uns um und waren ziemlich erstaunt, was für coole Sachen die Häftlinge herstellen. Irgendwann begegneten sich unsere Blicke, und bevor ich darüber nachdenken konnte, sagte

ich zu ihm: ›Wie geht's denn so an diesem wunderbaren Tag?‹
Er antwortete: ›Es ist der Tag des Murmeltiers, Chef.‹
Ich wunderte mich: ›Wovon redet dieser Typ?‹ Also fragte ich noch einmal: ›Schöner Tag draußen. Wie geht's denn so?‹
Und wieder antwortete er nur: ›Es ist der Tag des Murmeltiers.‹
Ich schaute zu meiner Frau herüber und sagte: ›Darling, es ist der Tag des Murmeltiers. Hast du das gewusst?‹ Als sie mir daraufhin einen ähnlichen Blick zuwarf wie der Häftling hinter dem Tresen, wurde mir allmählich klar, dass ich wohl etwas ziemlich Dämliches gesagt haben musste. Zumal mir meine Frau stumm signalisierte, dass ich die Klappe halten sollte.
Wir kauften ein paar Sachen und machten uns dann auf den Weg zum Wagen. Dabei erklärte mir meine Frau, dass der Tag des Murmeltiers in dem Film *Und täglich grüßt das Murmeltier* vorkommt, in dem Bill Murray einen Typen spielt, der albtraumhaft immer wieder und wieder den gleichen Tag durchlebt, an dem sich nie etwas ändert.
Als ich ihr die Tür öffnete, sagte sie zu mir: ›Und außerdem, der Tag des Murmeltiers war letzten Monat. Das hätte ich dir auch gesagt, aber du wolltest ja, dass ich den Mund halten und alles dir überlassen soll, wie du dich vielleicht erinnerst.‹«
Zusammenfassend versichere ich meiner Eskorte: »Meine Frau hat kein Problem damit, dass ich hierherkomme.

Hauptsache, ich komme jedes Mal auch wieder nach Hause.«

16. März 1999

Nachdem mich die beiden letzten Male im H-Unit viel zu sehr aus der Bahn geworfen haben, rede ich mir heute Abend auf der Hinfahrt nach San Quentin gut zu, ruhig zu bleiben. Doch schon nach einigen Metern innerhalb des Gefängnisses spüre ich wieder diese spezielle eklige Form der Hoffnungslosigkeit, die hier überall in der Luft zu liegen scheint. Als ich an der Ranch vorbeikomme, höre ich einige Insassen rufen: »Hey, du Hübscher, mach mal ’n bisschen Rock ’n’ Roll!«

Am Wachposten warten drei Beamte darauf, mich zum Klassenzimmer zu eskortieren. Auf meine Frage, warum es so viele sind, erklärt man mir, dass es im H-Unit in den letzten drei bis vier Tagen zwischen den Insassen mehrfach ziemlich hart zur Sache gegangen sei und dass ich deswegen sicherheitshalber von drei Beamten begleitet werden sollte. Nur für den Fall der Fälle. Natürlich stelle ich mir in Situationen wie diesen wieder die Frage, warum ich den Job im Gefängnis überhaupt angenommen habe. Zum Klassenzimmer eskortiert zu werden, hat Vor- und Nachteile. Der Vorteil ist, dass ich mich zumindest ein bisschen sicherer fühle, der Nachteil besteht darin, dass eine Eskorte natürlich Aufsehen erregt und einem beim Gang

über den Hof 1.000 Gefangene zuschauen, weshalb ich mir vorkomme wie ein Stück Frischfleisch auf einem Präsentierteller.
Manche Häftlinge greifen sich sabbernd in den Schritt oder, was noch schlimmer ist, sie rufen Kommentare wie »Willkommen in der Hölle, Mister Rockstar«. Dabei tue ich doch nichts weiter, als ein paar von diesen Typen Gitarrenunterricht zu geben.
Während ich auf meine Schüler warte, schaue ich zum Bürofenster hinaus. Die Gefangenen schlurfen wie Zombies durch die Gegend. Was den Job im H-Unit am schlimmsten macht, ist der lange Weg dorthin und wieder zurück. Es ist einfach der schiere Wahnsinn. Heute Abend habe ich nur fünf Schüler. Ein angenehm kleiner Kreis also. Einer ist krank und zwei andere wurden vor ein paar Tagen entlassen.
Ich nehme mit ihnen »Sharp Dressed Man« und »Tush« von ZZ Top durch. Sie singen und lachen, während sie die Songs spielen. Zwei der Teilnehmer kennen die Texte beider Songs in- und auswendig. Die drei Stunden vergehen wie im Fluge.
Kurz vor neun fragt mich einer meiner Schüler: »Hey, Buzzy, warum bleiben Sie heute nicht etwas länger, dann können wir noch ein bisschen weiterspielen? Was meinen Sie, Boss, wäre das möglich?«
Ich antworte, dass ich gerne noch bleiben würde, das aber nicht geht. Mittlerweile ist es neun. Bettenappell ist in zehn Minuten.

Einer der übrigen Insassen sagt mit einer grabestiefen Stimme: »Hey, Buzzy, bei uns gibt's ein freies Bett mit frischer Bettwäsche. Sie können also über Nacht hierbleiben, wenn Sie wollen.«
Ich lächele und frage: »Na wunderbar. Was kommt im Fernsehen?«
Darauf meint ein weiterer Schüler: »Wenn Sie tatsächlich im H-Unit von San Quentin übernachten würden, dann kämen Sie ins Fernsehen.«
Daraufhin müssen alle grinsen. Wir lachen immer noch, als die Wachbeamten die Tür aufschließen. Als der letzte Schüler den Raum verlässt, sagt er: »Buzzy, ich bin so glücklich. Ich habe heute erfahren, dass ich nur noch 18 Monate absitzen muss, bevor ich mir wieder den Duft der Freiheit um die Nase wehen lassen kann. Ist das nicht toll? Zehn Jahre in diesem Höllenloch, zehn Jahre ständig auf der Hut sein, nie richtig schlafen können, sich dauernd zu fragen, ob man irgendwann zusammengeschlagen oder vergewaltigt wird – das ist ein verdammt beschissenes Leben, lassen Sie sich das gesagt sein. Wenn ich diesmal rauskomme, lande ich nie wieder hier drin. Das ist das letzte Mal, dass ich einen Knast von innen sehe. Bis nächste Woche, Boss. Kommen Sie gut nach Hause.«
Einer der Wachbeamten deutet mit dem Finger auf mich, grinst und sagt: »Okay, Guitar Man. Zeit, nach Hause zu gehen. Ihre Eskorte wartet beim Hauptposten – falls Sie nicht hier übernachten wollen.«
»Nein danke. Ich bin schon fertig. Es ist ganz schön, ab

und an auf Besuch zu kommen, aber leben möchte ich hier nicht. Und übernachten schon mal gar nicht.«
Auf dem Weg über den Haupthof staune ich darüber, wie still und ruhig es geworden ist. Bei Nacht scheint ein gewisser Frieden einzukehren, denn alle Insassen sind nun wieder in ihren Zellen eingesperrt. Die ganzen haarsträubenden Geschichten, die über San Quentin kursieren, entsprechen leider der bitteren Wahrheit. Ich hoffe, dass ich heute Nacht einigermaßen gut schlafen kann.

23. März 1999

Es ist neblig und kalt. Anscheinend hat der Winter die Westküste immer noch fest im Griff. Als ich mit meinem Wagen am Eingang beim Osttor vorfahre, stehen dort etwa zehn Leute, die auf Einlass warten. Die Mitglieder etlicher Kirchengemeinden in der Bay Area kommen nach San Quentin, um mit den Insassen im Chor zu singen, Schreib- und Lesekurse abzuhalten oder für Beratungstermine allgemeiner Art. Jeder hat seine speziellen Gründe, um hierherzukommen. In meinem Fall ist es die Musik. Ich weiß inzwischen, dass die Musik meinen Schülern, die hier für eine halbe Ewigkeit eingesperrt sind, eine Menge bedeutet. Beispielsweise sehe ich jeden Dienstagabend einen Mann, der mit einer Bibel in der Hand in der Schlange steht. Er kommt schon seit sieben Jahren her, um mit den Gefangenen zu beten, wird mir erzählt. Gott segne ihn dafür, dass

er den Leuten hier ein wenig Trost spendet. Ich habe noch nie mit ihm gesprochen, aber gehört, wie sich die Insassen über ihn unterhalten haben. Ich frage mich, ob über mich auch irgendwelche Geschichten in San Quentin kursieren. Ironischerweise begrüßt mich ausgerechnet heute einer der Wachbeamten mit den Worten: »Sie müssen der Guitar Man sein, von dem alle reden. Die Insassen im H-Unit haben eine Menge Respekt vor Ihnen, mein Freund. Das ist toll! Ich bin heute Abend Ihre Eskorte, also tragen Sie sich in die Liste ein, dann machen wir uns auf den Weg.«
Über die Lautsprecheranlage kommt die Ansage: »Der Musikunterricht beginnt in zehn Minuten. Der Guitar Man ist da.« »Prima«, denke ich, »jetzt wissen sämtliche Insassen im H-Unit, dass ich hier Gitarrenunterricht gebe und gleich über den Hof marschiere.« Falls ich jemals in einen Großalarm geraten sollte, wird es wohl am besten sein, einfach auf die Knie zu fallen und laut zu schreien: »Bitte nicht schießen! Ich bin nur der Gitarrenlehrer!«
Man muss sich das einmal klarmachen: 20 Wachbeamte, die permanent 1.000 Insassen überwachen sollen. Hier zu arbeiten ist schon der Wahnsinn.
Mit meinen Schülern übe ich heute »Peaceful Easy Feeling« und »Runaway«. Gerade Letzteres läuft hervorragend. Alle haben den Song schon nach kurzer Zeit gut drauf. Zwei der Schüler kennen den Text in- und auswendig und wechseln sich mit dem Gesang ab. Es ist ein tolles Gefühl zu sehen, wie sich die Klasse etwas erarbeitet und die einzelnen Schüler erfahren, was Selbstvertrauen, Stolz,

Teamgeist und Musik bedeuten können – alles Dinge, die man ihnen schon als Kinder hätte beibringen sollen und nicht erst als erwachsenen Männern hinter Gittern.
Um Viertel vor neun schließt ein Wachbeamter die Tür auf und verkündet: »Schluss für heute. Zeit, ins Bett zu gehen.« Und so machen wir uns denn jeder auf den Weg – die Insassen zurück in ihre Welt und ich in meine. Mir fällt wieder einmal auf, dass man im H-Unit permanent daran erinnert wird, wer das Sagen hat.
Auf der Heimfahrt denke ich an die Jugendlichen im Jugendgefängnis, wo ich morgen früh wieder arbeiten werde. Wie viele von ihnen werden wohl in San Quentin oder in einer anderen Strafanstalt enden? Wenn ich auch nur ein einziges Kind davor bewahren kann, jemals ins Gefängnis zu kommen, habe ich schon etwas dazu beigetragen, seine Seele vor Schaden zu bewahren. Die sogenannten Problemkinder enden meistens auf der Straße, im Gefängnis oder im schlimmsten Fall im Leichenschauhaus. Doch das erfreuliche Fazit des heutigen Abends lautet: Wenigstens waren beim Gitarrenunterricht heute alle sehr guter Laune. Ein gutes Zeichen.

30. März 1999

Es ist viel leichter, nach San Quentin zu kommen, wenn es neblig, kalt und regnerisch ist, weil die Grundstimmung dann gedämpfter ist. In einem Käfig eingesperrt zu sein,

während draußen die Vögel herumfliegen und singen, und den Sonnenuntergang durch vergitterte Fenster zu betrachten, ist sicher sehr seltsam. Die Freiheit, die so nah vor einem liegt und dennoch unerreichbar ist.
Trotz alledem genieße ich auch die merkwürdigsten Momente mit den Schülern während des Unterrichts – sogar die wahrlich haarsträubenden Geschichten, die sie manchmal zum Besten geben. Ich merke mir alle und spreche sie anschließend, in meinem Wagen, auf mein Diktiergerät, damit ich nichts davon vergesse.
Als ich auf den Personalparkplatz fahre, sehe ich, dass auf der Ranch wieder mal Baseball gespielt wird. Alle machen den Eindruck, als hätten sie ziemlichen Spaß und viel Freude an dem Spiel – sie lachen, reißen Witze, amüsieren sich. Alle bis auf die Wachen, die bewaffnet über den Hof patrouillieren oder auf den Wachtürmen und Schießgängen die Gefangenen im Blick behalten.
Als ich an einer Reihe von Häftlingen vorbeigehe, die das Spiel anschauen, kommen gleich wieder die üblichen Anmachen: »Hey, Ringo, kannst du uns ein paar Beatles-Songs vorspielen?« Oder: »Wo ist denn der Rest der Band?« Oder noch besser: »Kann man sich auch was wünschen? Spiel doch mal ›Free Bird‹!« Mit den Insassen, die nicht in meinem Kurs sind, vermeide ich jeden Blickkontakt. Ich schaue einfach stur geradeaus und gehe meinen Weg.
Auf halber Strecke zum Eingang des H-Unit setzt plötzlich ein heftiger Regen ein. Da muss man sich daran erin-

nern, dass niemand im Gefängnis rennen darf. Das ist eine der wichtigsten Regeln. Und sie gilt auch, wenn es regnet und man nass bis auf die Haut wird. Nicht rennen. Nicht einmal schnell gehen. Folglich bin ich völlig durchnässt, als ich am Wachposten des H-Unit ankomme. Und natürlich habe ich weder eine Hose noch ein Hemd zum Wechseln dabei. Das wird ein feuchter Abend werden.

Während ich auf meine Eskorte warte, spüre ich das Blut durch meinen Körper rauschen und mein Herz schneller schlagen. Es ist jedes Mal das Gleiche, sobald ich das H-Unit betrete. Ich kann mich einfach nicht daran gewöhnen, hier eingesperrt zu sein.

Am Hauptposten angekommen, stelle ich meine Gitarre kurz im Büro ab und sage im Flüsterton zu dem diensthabenden Beamten, der gerade telefoniert: »Ich bin gleich wieder da. Ich gehe mir nur einen Kaffee holen.«

Als ich zurückkomme, um meine Gitarre abzuholen, knurrt mich der Wachbeamte an: »Machen Sie so was nie wieder, mein Junge. Kommen Sie nie wieder einfach so, ohne anzuklopfen, hier reinmarschiert, während ich am Telefon bin! Ist das klar, Kleiner?«

Ich kann nur stammeln: »Ja, Sir, tut mir leid, Sir.« In diesem Augenblick komme ich mir vor, als wäre ich selbst ein Sträfling.

Ich kann es absolut nicht ausstehen, angebrüllt oder wie ein Hund behandelt zu werden. Ich fühle mich wie ein Stück Scheiße. Innerhalb der nächsten Minute stammele ich trotzdem bestimmt tausend Entschuldigungen, bis der

Wachbeamte schließlich sagt: »Willkommen im H-Unit, wo auch die unter Stress stehen, die hier arbeiten.«

Sobald alle Schüler eingetroffen sind, werden wir zum Bürotrakt geleitet und für die nächsten zweieinhalb Stunden in den Konferenzraum eingeschlossen. Auf dem Programm stehen heute »Sea of Love« und der Elvis-Song »Little Sister«. Diese Auswahl stößt bei allen zehn Schülern auf Begeisterung. Vier von ihnen fragen, ob sie sich bei »Sea of Love« beim Singen abwechseln können. Es ist wirklich ein Erlebnis.

Gegen acht Uhr hört einer der Teilnehmer plötzlich auf, Gitarre zu spielen, und ruft: »Stopp, Mädels. Ich muss Buzzy mal was sagen. Buzzy, ich bin mein ganzes Leben zwischen dem Gefängnis und draußen hin- und hergependelt. Ich hab mir PCP [eine Droge] reingezogen und Leute mit dem Messer bedroht und ausgeraubt. Deswegen bin ich auch hier in San Quentin gelandet. Ich wollte, ich wäre Ihnen begegnet, bevor ich mein Leben so verkackt habe. Vielleicht hätte die Musik mich gerettet. Danke, dass Sie in diesen verschissenen Laden kommen und ein paar Knackis die Musik zum Geschenk machen. Sie sind einfach oberklasse.« Dann fragt er, ob er der Klasse ein paar Countrysongs vorsingen darf, die er in der letzten Zeit gelernt hat. Ich antworte, das wäre prima und er solle ruhig loslegen. Und das tut er dann auch und spielt uns eine Reihe von Songs von Johnny Cash, George Jones, Hank Williams und Merle Haggard (selbst ein ehemaliger Insasse von San Quentin) vor.

Wir sitzen da und hören ihn singen und spielen und sind vollkommen geplättet, so toll ist er. Ich staune immer wieder über die vielen Talente hier in San Quentin. Manche der Insassen zeichnen, malen, schreiben Geschichten oder Gedichte, viele von ihnen machen Musik. Die meisten haben ihre Begabung erst entdeckt, nachdem sie hier gelandet sind. Eigentlich ist es eine Schande, diese Talente hinter Gittern zu verschwenden, anstatt sie der Welt zu präsentieren. In einem Gefängnis Gitarrenunterricht zu geben, ist eine Erfahrung von beinahe spiritueller Qualität. Ich werde hier mit ungefilterten menschlichen Emotionen konfrontiert, die mir durch Mark und Bein gehen. Manchmal würde ich am liebsten losheulen, wenn ich realisiere, wie hart und grausam das Leben in San Quentin ist – so fernab von der freien Welt.

Gegen halb neun fängt der Kaffee an zu wirken, den ich zuvor getrunken habe. Ich rede wie ein Wasserfall. Mir wird abwechselnd heiß und kalt. Ich fühle mich wie unter Strom. Mein Herz pocht wie verrückt und schreit förmlich: »Nie wieder Knastkaffee!« Meine Beine zittern und ich kann nicht stillsitzen. Und genau in diesem Moment fragt mich einer der Insassen, ob ich manchmal Zigarren rauche und ob ich eine möchte. Ich antworte: »Ja, aber warum fragst du?« Statt einer Antwort lächelt er mich an und reicht mir eine Billigzigarre.

Das Erste, was mir durch den Kopf schießt, ist: »Wie kommt dieser Häftling an eine Zigarre? Und darf ich sie annehmen?« Ich tue es, halte mir allerdings bewusst vor

Augen, dass ich in einem Gefängnis bin und dass die Insassen aus einem bestimmten Grund hier sind. Irgendwann ist der Unterricht zu Ende und ich danke all meinen Schülern, dass sie mir die Arbeit an diesem Abend so leicht gemacht haben.

Als der Wachbeamte die Tür aufschließt, kann ich mir nicht verkneifen, ihn zu fragen, wann der Kaffee für das Personal aufgebrüht wurde. Er schaut mich an und sagt: »Sie haben doch nicht etwa diese Brühe getrunken, oder? Wir machen den Kaffee immer während der Nachtschicht, und der steht dann den Rest der Nacht und den nächsten Tag über herum. Wenn die nächste Nachtschicht anfängt, geben die sich erst mal eine Ladung davon, damit sie richtig auf Touren kommen. Das Zeug ist flüssiges Speed! Haben Sie davon getrunken, mein Freund?«

»Allerdings. Und garantiert das letzte Mal. Im Gefängnis so unter Strom zu stehen, bekommt mir überhaupt nicht. Ich hoffe, dass die Insassen das Zeug nie zu trinken kriegen. Ich dachte immer, der Kaffee in Bars wäre starker Tobak, aber das hier übertrifft alles. Das Zeug werde ich jedenfalls nie mehr anrühren.«

Auf der Fahrt nach Hause muss ich noch einmal an den begabten Häftling denken, der die Countrysongs gesungen hat. Das H-Unit ist schon ein reichlich merkwürdiger Laden.

13. April 1999

Nach zwei Wochen Pause halte ich wieder einen Kurs im H-Unit ab. Ich habe mit meiner Frau Urlaub in Mexiko gemacht. Endlich mal wieder entspannen, das habe ich auch dringend gebraucht. Während ich weg war, hatte ich viel Zeit, über San Quentin und die Jugendstrafanstalt nachzudenken und darüber, wie wichtig es für die Insassen und die sogenannten Problemkinder ist, einmal in der Woche mit Musik zu tun zu haben. Ich hoffe nur, dass mich niemand fragt, warum ich so braun geworden bin oder wo ich war. Ich hätte wirklich ein schlechtes Gewissen, meinen Schülern zu erzählen, wie viel Spaß es gemacht hat, in Mexiko am Strand abzuhängen.

Als ich auf den Personalparkplatz fahre, kommt es mir vor, als ob heute alles mit weniger Stress verbunden sei. Keine Ahnung, warum, vielleicht liegt es daran, dass ich nach dem Urlaub einfach etwas entspannter bin. Als ich an der Ranch vorbeigehe, rechne ich schon mit der üblichen Anmacherei, aber auch die erfolgt nicht. Doch als ich das Einlasstor zum H-Unit passiere, löst sich die entspannte Atmosphäre innerhalb von Sekunden in Luft auf. Von einem Beamten eskortiert betrete ich den Hof, und schon nach den ersten Schritten denke ich, dass ich wieder ausraste, mein Herz schlägt rasend schnell. Doch irgendwie reiße ich mich zusammen und wir erreichen den Hauptwachposten. Ich trage meinen Namen in die Besucherliste

ein und werde dann mit vier Kursteilnehmern zum Konferenzraum geleitet und dort eingeschlossen.
Sobald der Wachbeamte den Raum verlassen hat, lästern die Schüler über das Gefängnispersonal. Wenigstens spricht mich niemand auf meine Urlaubsbräune an oder fragt, wo ich die letzten zwei Wochen gewesen bin. Nach etwa einer Stunde bricht einer der Teilnehmer in Gelächter aus. Er lacht so heftig, dass ihm die Tränen über das Gesicht laufen. Dann klatscht er wie wild in die Hände. Wir anderen hören auf zu spielen, und einer der Häftlinge fragt entgeistert: »Bist du jetzt völlig durchgeknallt, Alice? Was geht denn bei dir ab?«
Daraufhin grinst der Angesprochene und ruft: »Alles in Deckung da draußen! Die Welt hat mich wieder! In drei Tagen werde ich begnadigt. Versteckt die Mädels. Ich war fünf Jahre eingesperrt, ich hab einiges nachzuholen.«
Die übrigen Insassen lachen nun ebenfalls und klatschen sich gegenseitig ab. Anscheinend war er hier wegen Pädophilie. Ich denke nur: »Lasst mich hier raus. Ich will nur nach Hause und eine Runde kotzen.«
Es verursacht mir physische Schmerzen und mir wird schlecht, wenn ich mit ansehen muss, wie die Insassen Witze darüber machen, kleine Mädchen zu vergewaltigen, und dann auch noch darüber lachen. Genau in diesem Moment erzählt mir ein anderer Kursteilnehmer, dass er morgen begnadigt wird, aber ich solle mir keine Gedanken machen, wir würden uns wiedersehen, wenn er das nächste Mal in San Quentin einführe. Doch dann lächelt er

und fügt hinzu: »War nur'n Witz, Buzzy. Knasthumor. Ich wollte nur ein bisschen mit deinem Gehirn rumficken. Tut mir wirklich leid, Boss.« Trotzdem ist der heutige Abend ganz geruhsam.

Es sind jetzt schon sieben Monate, dass ich in San Quentin Gitarrenunterricht gebe, doch es kommt mir so vor, als wäre ich schon vor einer Ewigkeit zum ersten Mal durch das Haupttor geschritten.

Als der Wachbeamte kommt und die Tür wieder aufschließt, danke ich meinen Schülern dafür, dass sie ihre Sache heute so gut gemacht haben. Auf dem Weg nach draußen winkt mich einer der Wachbeamten neben der Tür heran und sagt: »Ich bin Ihre Eskorte heute Abend. Sind Sie so weit, dass wir losgehen können?« Ich nicke und wir machen uns auf den Weg.

Während wir über den Haupthof des H-Unit gehen, fragt mich der Beamte, was ich von dem Lebensstil in San Quentin halte. Bevor ich ihm eine Antwort geben kann, fügt er hinzu: »Wussten Sie, dass 85 Prozent der Insassen des H-Unit wegen Sexualstraftaten einsitzen?« Wir sind schon fast an der Ausgangsschleuse, als ich ihm antworte: »Wissen Sie, ich liebe Musik. Ich glaube, das Gefängnis ist der merkwürdigste Ort, an dem ich je gewesen bin. Der Lebensstil hier kommt mir vor wie der auf einem anderen Planeten. Und was Ihre andere Frage angeht – nein, ich wusste nicht, dass hier im H-Unit so viele Sexualverbrecher einsitzen. Das macht mich richtig krank!«

Auf dem Heimweg dröhnt mir der Schädel und ich fühle

Trauer und Schmerz. Was ist das bloß für eine beschissene Welt?

20. April 1999

Auf der Fahrt nach San Quentin höre ich im Radio Berichte über eine Schießerei in einer Schule in Colorado. Einer der Reporter sagt, dass möglicherweise 15 Schüler getötet wurden, wahrscheinlich erschossen von zwei jugendlichen Mitschülern, die offenbar lebensmüde waren. Er berichtet weiter, dass diese beiden Jugendlichen in die Schule marschiert wären, das Feuer eröffnet und auf alle Umstehenden geschossen hätten. Dabei hätten sie in manchen Fällen noch irgendwelche Katz-und-Maus-Spielchen mit ihren Opfern gespielt, bevor sie sie töteten. Ich will gerade das Radio ausschalten, da kommt eine weitere Meldung, wonach die beiden Täter im Schulgebäude tot aufgefunden wurden. Sie hätten sich gegenseitig erschossen. Ich mache das Radio aus und gehe in Richtung H-Unit. Mir schießen alle möglichen Gedanken durch den Kopf – über Kinder, die andere Kinder umbringen, und wieder mal darüber, was aus dieser Welt geworden ist.
Während ich auf meine Eskorte warte, frage ich den diensthabenden Wachbeamten, ob er etwas von der Schießerei in der Schule in Colorado gehört hat. Er antwortet: »Nein, mein Sohn. Ich bin jetzt schon seit Stunden hier im Dienst. Von Schießereien in Schulen habe ich nichts gehört.«

Wieder überkommt mich dieses mulmige Gefühl im Bauch, begleitet von Stichen im Herzen, doch habe ich wenigstens nicht den Eindruck, gleich ohnmächtig zu werden. In einem Gefängnis herumzulaufen und sich mit trüben Gedanken zu beschäftigen, ist gefährlich. Ich bin nicht bei der Sache. Der Beamte, der mich eskortiert, schließt die Tür auf und sagt: »Viel Erfolg mit Ihrem Unterricht. Passen Sie auf sich auf und seien Sie immer auf der Hut.«

»Machen Sie sich keine Sorgen. Wir sehen uns in zweieinhalb Stunden. Danke für den Geleitschutz.«

Die Klasse heute Abend besteht nur aus fünf Teilnehmern, und als sie endlich alle eingetrudelt sind, ist es schon sieben Uhr. Die nächsten zwei Stunden befassen wir uns mit »Johnny B. Goode«, »Hound Dog« und »Blue Suede Shoes«.

Alles läuft ganz geruhsam heute Abend. Kein Ablästern über das Personal, keine Versuche, mich zu trietzen. Wie üblich erscheint um neun Uhr ein Wachbeamter, schließt die Tür auf und erklärt, dass es Zeit ist, Schluss zu machen. Als ich wieder in meinem Wagen sitze, schalte ich das Radio ein und höre sogleich die Worte »Columbine High School Massacre«. Es macht mich unendlich traurig zu hören, dass Kids andere Kids nur so zum Spaß umbringen. Der heutige Tag ist ein trauriger Tag für die Kinder in Columbine und auf der ganzen Welt.

11. Mai 1999

Die letzten beiden Dienstagabendkurse im H-Unit sind wegen einer Hinrichtung ausgefallen. Bei solchen Gelegenheiten wird jedes Mal ein Einschluss verhängt, was bedeutet, dass die Insassen mindestens 24 Stunden lang ihre Zellen nicht verlassen können. Auch vor und nach einer Hinrichtung dürfen die Häftlinge aus Sicherheitsgründen nicht ihre Zellen verlassen. Bei jeder Exekution ändert sich die Stimmung im Gefängnis. Man kann es nicht beschreiben, aber ich spüre es, auch wenn seit der Hinrichtung schon einige Tage vergangen sind. Die meisten der Insassen von San Quentin haben sehr lange Vorstrafenregister, unter anderem wegen Mord, Brandstiftung, Vergewaltigung und allem Möglichen. Über einen längeren Zeitraum eingesperrt zu sein, ist für viele von ihnen keine große Sache. Heute bin ich zum 17. Mal in San Quentin und ein bisschen stolz, 17 Kurse durchgeführt zu haben, ohne dass irgendwelcher Mist passiert ist. Bis jetzt noch kein schlechtes Karma. Als ich auf das Haupttor zugehe, lässt mich der Gedanke daran schaudern, dass hier erst vor wenigen Tagen ein Gefangener vom Leben zum Tode befördert wurde.

Ich betrete die Wachstube und werde von einem Beamten in Empfang genommen, der schon etwas älter ist und offensichtlich aus dem Süden stammt. Jedenfalls erklärt er mir mit einem breiten Südstaatenakzent, dass ich mich in

die Besucherliste eintragen soll und er bereits eine Eskorte für mich angefordert hat, die wohl in drei Minuten eintreffen wird. Dann nimmt er ein kleines Mikrofon zur Hand, drückt einen dicken roten Knopf auf seinem Schreibtisch und sagt: »Der Guitar Man ist da. Der Unterricht beginnt in zehn Minuten.« Dann schaltet er das Mikro wieder aus und sagt zu mir: »Na, dann mal los, mein Sohn. Die Kundschaft wartet. Amüsier'n Sie sich nicht zu doll, sonst müssen wir Sie über Nacht dabehalten.«
Meine Eskorte besteht aus zwei Beamten – einem Weißen und einem Schwarzen – beide extrem finster aussehende Muskelpakete. Keiner von ihnen lächelt oder sagt auch nur ein Wort zu mir. Der Schwarze sieht aus wie ein Football-Profi – zwei Meter groß und etwa 130 Kilo schwer. Während ich über den Hof geleitet werde, wo die Insassen des H-Unit ihr Fitnesstraining machen, ruft einer der Häftlinge: »Teufel noch mal! Die Rolling Stones sind da!« Ein anderer grölt: »Der Guitar Man! Alter, kannst du ›Free Bird‹ für uns spielen?« Der Weg über den Hof wird mal wieder lang.
Der Kurs besteht heute nur aus vier Teilnehmern und die Stimmung ist ein wenig gedrückt. Ich zeige ihnen die Songs »King of the Road«, »Your Cheatin' Heart« und »Old Man Down the Road«. Nach zehn Minuten wendet sich einer der Schüler mir zu und fragt: »Hey, Buzzy, wie sehr mögen Sie Gitarren?«
Ich antworte: »Ich finde Gitarren toll. Egal welche Größe oder Farbe. Ich finde sie einfach toll. Warum?«

Er bringt ein Buch über die Geschichte der Gitarre zum Vorschein. Es hat über 500 Seiten. Also betrachten wird in den nächsten 25 Minuten sämtliche Bilder von elektrischen Gitarren.

Der Häftling, der mir die Zigarre geschenkt hat, drückt mir schon wieder eine in die Hand, während wir dasitzen und uns über Les Paul und Jimmy Page unterhalten. Merkwürdig, wie Gefangene versuchen, sich meine Freundschaft zu erkaufen. Im Handbuch für das Personal in San Quentin steht: »Nehmen Sie niemals und unter keinen Umständen irgendwelche Geschenke von Insassen an.« Denn damit wird eine wichtige Grenzlinie überschritten.

Heute Abend wird es das letzte Mal sein, dass ich eine Zigarre von ihm annehme. Es macht mir Angst, wenn einige dieser Häftlinge versuchen, meine Kumpels zu sein. Hierher ins Gefängnis zu kommen und Gitarrenunterricht zu geben, ist eine Sache, aber Freundschaften mit Insassen zu schließen, ist einfach nicht drin. Darauf will ich mich nicht einlassen. Ich bin froh, dass heute Abend niemand das Wort »Exekution« in den Mund nimmt, weil ich ohnehin nicht gewusst hätte, was ich dazu sagen soll.

Nach dem Unterrichtsende werde ich wieder über den Haupthof des H-Unit eskortiert, und auch dieses Mal kommen Anmachen im Stil von »Hey, Rockstar, komm doch rüber, ich bin ganz heiß auf dich« oder »Hey, Guitar Man, wie teuer ist denn der Unterricht bei dir? Können wir die Bezahlung vielleicht anders regeln?«.

Es gibt nichts Seltsameres als den Anblick von 30 muskelbepackten, tätowierten und finster aussehenden Sträflingen, die einem Luftküsse zuhauchen und lachen, während sie einem gleichzeitig den Stinkefinger zeigen. Was für ein Affenzirkus. Der vorherige Kurs im Q war doch ein wenig netter als der hier im H-Unit. Die Maxime jener, die zu einer lebenslänglichen Haft verurteilt wurden, ist, sich Ärger zu ersparen und mit dem Personal, den Wachen und den anderen Insassen irgendwie klarzukommen, während sie darauf warten, dass sie irgendwann sterben. Sie warten auf das Ende der Sackgasse.

Vermutlich liegt es auch daran, dass die Insassen im North Block besser miteinander auskommen als im H-Unit. Der Männlichkeitswahn ist im Gefängnis extrem ausgeprägt, aber im H-Unit blüht und gedeiht er besonders prächtig und führt dazu, dass alle immer auf der Hut sind.

Angesichts dessen bin ich richtig froh, dass zumindest einige von ihnen durch die Musik ein wenig Dampf ablassen können. Wenn ich auch nur einem meiner Schüler damit helfen kann, ein bisschen ausgeglichener zu werden und weder im Gefängnis noch in Freiheit irgendwelche Dummheiten zu begehen, habe ich gute Arbeit geleistet. Mehr kann ich nicht erwarten.

Als der Wachbeamte und ich an der Eingangsschleuse zum H-Unit ankommen, fragt er, ob ich heute Abend die Stimmung im Anschluss an die Hinrichtung bemerkt habe.

»Nein, warum?«

»Nach jeder Hinrichtung liegt eine angespannte Atmosphäre über dem gesamten Gefängnis. Das hält für eine

Woche an. Kann man mit Worten aber nicht beschreiben. Und jetzt fahren Sie vorsichtig und kommen Sie gut nach Hause.« Mit diesen Worten dreht er sich um und geht ohne ein weiteres Wort davon.
Ich bin heilfroh, dass ich dieses Irrenhaus nach jedem Kurs wieder verlassen kann. Auf der Heimfahrt muss ich lächeln, als ich an meine Knast-Schüler denke und daran, wie sie alle zusammen die Zeilen »Your Cheatin' Heart Will Tell on You« oder »I'm a Man of Means, by no Means King of the Road« gesungen haben. Vielleicht bringe ich ihnen nächste Woche »House of the Rising Sun« bei.

18. Mai 1999

Heute Morgen habe ich in der Zeitung einen Artikel über einen Häftling gelesen, der begnadigt worden war und danach seine Exfreundin und ihren neuen Freund ermordet hat. Nur 30 Tage vor der Tat war er aus San Quentin entlassen worden. Er hat sie aufgespürt und umgebracht, nur weil sie einen neuen Freund hatte, den er danach auch gleich umbrachte. Der Polizei gegenüber erklärte er, dass er die letzten beiden Jahre hinter Gittern an nichts anderes gedacht hätte, als seine Exfreundin und ihren neuen Typen zu töten.
Es war ein ziemlich wüster Tag bisher. Angefangen hat er damit, dass ich um neun Uhr in einer Vorschule für behinderte Kinder im Alter von drei bis fünf Jahren ein paar Lie-

der vorgesungen habe. Von halb elf Uhr morgens bis zwei Uhr nachmittags habe ich dann Jugendlichen in einem Präventionsprojekt eines Problemviertels Musikunterricht erteilt – Bandenmitglieder und Kleinkriminelle, aber es sind halt doch nur Kinder. Von halb drei bis halb fünf gebe ich Unterricht in zwei therapeutischen Jugendeinrichtungen. Und jetzt bin ich auf dem Weg nach San Quentin und muss morgen früh um neun schon wieder Musikunterricht in der Jugendstrafanstalt geben.

Ich finde es furchtbar, dass Kids heutzutage gar keine Zeit mehr haben, ihre Kindheit auszuleben. Schon auf Kindern lastet mittlerweile ein immenser Druck. Und wenn man ihnen bereits früh die Bezeichnung »Problemkind« aufgedrückt hat, sind ihre Aussichten auf ein ganz normales Leben verschwindend gering, wenn es nicht jemanden gibt, der sie da herausholt und ihnen andere Möglichkeiten bietet. Stattdessen gieren sie danach, im Gefängnis zu landen – in der irrigen Überzeugung, dass es ihnen dort gut gehen würde.

Als ich durch das Osttor fahre, spüre ich wieder das übliche mulmige Gefühl. Wie immer warten eine ganze Menge Leute am Eingang auf Einlass. Die vielen Bibelstunden und Gebetskreise im Gefängnis sollen den Gefangenen helfen, dass die Zeit ein wenig schneller vergeht. Von der Ranch kommen die üblichen Anmachsprüche. Ich kann mich einfach nicht an den Anblick von Häftlingen gewöhnen, die wie Frauen aussehen. In manchen Fällen sogar wie sehr gut und sexy aussehende Frauen. Einer von ihnen reckt die Daumen in die Höhe und ruft: »Hey, Ringo, wie geht's Paul denn so?« Ein anderer: »Hey, Hübscher. Leg mal los und spiel mir was vor, dass ich mit dem Arsch wackeln muss. Andernfalls bringe ich dich um, Mister Rockstar.« Nach einer Sekunde ruft er hinterher: »War nur'n Scherz. 'Tschuldigung.«

Nachdem ich meinen Namen in die Besucherliste eingetragen und meinen Geleitschutz angefordert habe, begrüßt mich meine Chefin. Sie berichtet mir, dass mein Vertrag um zwölf Wochen verlängert wurde, sie mir aber noch nicht sagen kann, wo der nächste Kurs stattfinden wird. Das wird sich in den nächsten zwei Wochen herausstellen. Außerdem sagt sie mir, dass das Konzert für die Häftlinge in San Quentin genehmigt wurde, das ich am 12. Juni mit den Jungs aus der Band, mit denen ich jeden Samstag spiele, geben möchte. Und dass wir sogar eine Gage bekommen! Ich kann es kaum erwarten, die Gesichter meiner Bandkumpels zu sehen. Als meine Eskorte ankommt, verabschiedet sich meine Chefin, wünscht mir viel Glück und verspricht einen Anruf, sobald sie Näheres in Erfahrung gebracht hat.

Meine Geleitschutzleute heute Abend sind noch monströser als die beiden Typen vom letzten Mal. Ich staune nicht schlecht, dass auf dem Weg zum Hauptposten von den Jungs aus dem H-Unit keine einzige Anmache kommt. Zum Unterricht erscheinen sieben Insassen. Auf dem Programm stehen heute »Honky Tonk Women« und »Peaceful Easy Feeling«. Der Unterricht ist sehr entspannt. Alle spielen und singen zusammen. Ich überlege mir, dass es für die meisten der Häftlinge vermutlich das erste Mal ist, dass sie mit anderen Musik machen und Spaß haben können. Im H-Unit zu unterrichten, war nicht immer einfach, aber so langsam wird es leichter.

Um halb neun hört einer der Schüler auf zu spielen und sagt: »Buzzy, hier im H-Unit gibt's zwei Typen, die haben einen speziellen Fetisch. Sie stehen auf den Geruch von Männerarsch. Ehrlich, Mann! Kein Scheiß! Wenn sie das riechen, drehen diese Schlampen glatt durch.«

Die anderen Schüler fangen laut an zu lachen. Einige haben Tränen in den Augen. Ich muss wohl kreidebleich geworden sein, denn einer von ihnen fragt mich: »Buzzy, was ist los? Musst du kotzen?«

Etwas später meldet sich ein anderer Schüler zu Wort: »Buzzy, du kennst doch die Geschichten von Häftlingen, die jüngere Insassen ficken. Diese Geschichten sind wahr. Es geht darum, den Ausdruck auf ihren Gesichtern zu sehen. Echt wahr. Und manchmal ist es noch schlimmer.« Dann lächelt er und sagt: »Willkommen im H-Unit, mein Freund.«

Endlich geht mir ein Licht auf. All die Insassen im H-Unit versuchen, mich zu testen. Sie wollen sehen, wie ich reagiere – beinahe wie die Kids im Jugendknast. Es gibt ihnen einen Kick, mir irgendwelche ekligen Storys aufzutischen. Aber ich lasse mich nicht darauf ein. Und hier in meinem Kurs geht das jetzt auch los. Aus irgendeinem Grund versuchen sie, mir Angst zu machen oder mich einzuschüch-

tern. Vermutlich gehört so was zum Verhaltenskodex im Knast, um eine Hackordnung zu etablieren.
Um neun Uhr kommen zwei Wachbeamte und schließen das Unterrichtszimmer auf. Auf dem Weg über den Hof muss ich noch einmal an die Bemerkungen meiner Schüler denken – über alte, eklige Knackis, die anderen Insassen am Nacken herumschlabbern und sich dabei einen herunterholen. Manchmal hasse ich diesen Laden für das, was er aus Menschen macht. Hier werden Männer zu Hunden, die nur nach Macht und Stärke gieren und immer auf der Jagd sind nach jemandem, den sie beißen können.
Laut Vertrag habe ich noch zwei Termine im H-Unit zu absolvieren. Danach hoffe ich, dass ich wieder im North Block arbeiten kann. Gefängnisinsassen Gitarrenunterricht zu geben, ist eine Sache, aber hier im H-Unit scheint es ihnen besonderen Spaß zu machen, einem den Verstand zu rauben.
Ich hoffe, dass der letzte Termin hier glatt und entspannt über die Bühne geht. Es wäre schön, wenn der Abschied von den Insassen des H-Unit ein harmonischer wäre. Ich kann es nicht erwarten, morgen früh die Gesichter der Kids im Jugendgefängnis zu sehen, wenn ich ihnen ein paar von den Geschichten aus San Quentin erzähle. Einige von ihnen werden sie erst glauben, wenn sie sie am eigenen Leibe erfahren. Und das werden sie eines Tages. Das ist das Traurige an der Angelegenheit.

25. Mai 1999

Heute ist mein letzter Abend im H-Unit. Man hat mir inzwischen einen neuen Vertrag gegeben. Zwölf Wochen im North Block, Beginn ist in drei Wochen. Ich wiederhole heute mit meinen Schülern alles, was wir in den vergangenen Wochen durchgenommen haben.
Im H-Unit zu unterrichten, ist eine Erfahrung, die ich nie vergessen werde. Es gab ein paar Abende, da saß ich hinterher in meinem Wagen und heulte, weil mich das Ganze so mitgenommen hatte.
Heute Morgen habe ich all meine Klamotten aus Jeansstoff aussortiert, denn ich fühlte mich wie ein Knastbruder, wenn ich sie anzog. Das ist doch beschissen! Es ist merkwürdig, wie unterschiedlich Leute außerhalb der Gefängnismauern das Leben im Gefängnis einschätzen.
Auf dem Weg nach San Quentin muss ich noch an einer Musikalienhandlung haltmachen, um ein paar Sätze Saiten und Plektren [Fingerpicks] als Abschiedsgeschenk für meine Schüler im H-Unit zu kaufen. Gerade Plektren sind im Knast Gold wert. Gitarrensaiten sind noch begehrter, denn wenn eine reißt, muss der Häftling entweder warten, bis ich ihm eine neue mitbringe, oder er muss die alte flicken und hoffen, dass sie hält.
Bevor ich den Laden verlasse, muss ich mir auch hier noch ein paar dämliche Sprüche anhören – dieses Mal von den Typen an der Kasse, die mich fragen, wie das Essen in San

Quentin ist, oder mir raten, die Gitarre immer gut festzuhalten, denn wenn sie herunterfiele, müsse ich mich beim Aufheben ja vornüberbeugen.

Als ich am Osttor vorfahre, kann ich die Seeluft riechen, die von der Bay heraufweht, und ich sehe einen Möwenschwarm über das Gefängnisgelände fliegen. Die frische Brise tut gut.

Das Scheppern von zuschlagenden Gittertüren, das Schrillen von Alarmglocken oder -sirenen, das Klappern von Schlüsselbünden an den Gürteln der Wachbeamten, die ständigen Gespräche der Insassen miteinander – all das sorgt für eine ziemlich laute Geräuschkulisse. Man hat mir erzählt, dass dies der Grund ist, warum die Gefangenen immer so unter Strom stehen und mies gelaunt sind. Niemand, der hier einsitzt, kann mal richtig ausschlafen. Im Winter sind die Zellen feucht und kalt, während im Sommer die Temperaturen innerhalb der Gebäude auf über 40 Grad steigen. Ich habe von einem Lehrer gehört, der wegen der unerträglichen Hitze im Klassenzimmer zusammengeklappt ist.

Als ich mich in die Besucherliste des H-Unit eintrage, erzählt mir der diensthabende Beamte, dass einige der Häftlinge bereits seit einer Stunde auf mich warten. Draußen auf dem Hof sind heute mindestens 500 bis 600 Häftlinge. Einige spielen Basketball, andere machen Liegestütze, wieder andere spielen Schach und manche machen gar nichts. Und einige versuchen krampfhaft, so gut es geht, Ärger zu vermeiden.

Die meisten der Häftlinge, mit denen ich Kontakt hatte, sehen aus wie Biker oder fiese Speed-Dealer. Manche haben kahl geschorene Schädel und keine Zähne, während wiederum einige meiner Schüler aussehen wie Grundschullehrer – richtig adrett. In mancherlei Hinsicht macht mich der Unterricht heute Abend richtig traurig, andererseits ist es auch überaus bewegend zu merken, wie viel diese Häftlinge durch die Musik über sich selbst gelernt haben.
Ich gehe die Anwesenheitsliste durch. Dann gebe ich jedem meiner Schüler fünf Plektren und wechsle bei der Gitarre von einem der Teilnehmer ein paar Saiten aus, die es wirklich nötig haben. Einer hebt die Hand und fragt, ob ich ihnen »Jailhouse Rock« oder »Folsom Prison Blues« beibringen kann. Einen Moment lang weiß ich nicht, ob er mich verarschen will oder nicht, denn den Witz habe ich schon mal gehört. Aber dann sagt ein anderer Schüler lächelnd, dass er die Texte von beiden Songs kennt und nichts dagegen hätte, sie zu singen.
Also bringen wir die erste Stunde damit zu, diese beiden Songs einzustudieren, wobei zwei Schüler sich abwechseln. Irgendwann muss ich laut lachen, als einer der Insassen losbrüllt: »Mann, am liebsten würde ich jemand umbringen – ich kann einfach nicht gleichzeitig Gitarre spielen und singen.« Es ist offensichtlich, dass all diese Häftlinge viel Freude haben und dass es eine ganze Weile her ist, seit sie zum letzten Mal frei und unbeschwert agieren konnten, ohne sich hinter einer Pose zu verstecken.
Irgendwann nähert sich das Ende dieser Session und jeder

einzelne Teilnehmer versichert mir, dass ich großartige Arbeit geleistet habe. Sie lassen mich außerdem wissen, dass ich überall im Gefängnis großen Respekt genieße, allein schon deshalb, weil ich freiwillig hierherkomme.

»Sie haben echt Eier«, sagt einer der Insassen zu mir.

Kurz vor neun erklärt ein anderer Insasse: »Die anderen hier sind alle ein bisschen schüchtern, wenn es darum geht, Ihnen zu sagen, wie viel es uns allen bedeutet, dass sie überhaupt Woche für Woche in dieses Höllenloch kommen, um uns Gitarrenunterricht zu geben. Deshalb haben wir hier für Sie eine kleine Karte zum Abschied und als Dankeschön. Sie ist von uns allen.«

Meine Schüler haben sich nicht nur als Musiker, sondern auch als Menschen weiterentwickelt – allein schon, dass sie mittlerweile zur Teamarbeit in der Lage sind, ist ein großer Fortschritt.

Ich mache den Umschlag auf und finde eine Postkarte aus der Sammeledition des *Marin Independent Journal.* Keine Ahnung, wie die hier in San Quentin landen konnte. Auf der Vorderseite ist eine Luftaufnahme der Golden Gate Bridge, und als ich sie aufklappe, lese ich: »Danke für die Musik, dafür, dass Sie uns Ihre Zeit geopfert haben und dafür gesorgt haben, dass wir alle ein bisschen ›gechillter‹ sind.« Darunter stehen die Unterschriften sämtlicher Kursteilnehmer.

Nachdem sie monatelang Abend für Abend ihre Spielchen mit mir abgezogen haben, zeigen meine Kursteilnehmer zum ersten Mal Gefühle mir gegenüber und dass sie eine

Menge von mir halten. Vorher konnten sie das nicht, weil es ihnen von den anderen als ein Zeichen der Schwäche ausgelegt worden wäre.

Als wir endgültig aufhören müssen, kommt ein Insasse, der die ganze Zeit über kaum ein Wort mit mir gewechselt hat, auf mich zu, nimmt meine Hand und sagt mit feuchten Augen: »Danke, dass Sie sich überhaupt mit einem alten Knacki wie mir abgegeben haben. Gott segne Sie, Buzzy. Kommen Sie gut nach Hause.« Dann lächelt er und legt eine Hand auf meine Schulter.

Daraufhin meint einer von den anderen: »Mann, Alice, lass mal gut sein. Die Arschgeigen sind schon im Anmarsch, um uns ins Bett zu bringen.« Worauf sich ein weiterer Schüler zu Wort meldet: »Wenn ihr Penner so weitermacht, fangen wir gleich alle an zu flennen. Jetzt hört auf mit dem ganzen Liebesgedöns, sonst krieg ich noch ’nen Steifen.«

Ich bin tief bewegt von diesem Abschied. Alle wissen, dass ihnen in Zukunft etwas fehlen wird, und es setzt so etwas wie Trennungsschmerz ein. Wenn ich auf die letzten acht Monate und meinen Musikunterricht in San Quentin zurückblicke, dann komme ich zu dem Ergebnis, dass auch ich mich in dieser Zeit sowohl als Musiker wie auch als Mensch immens weiterentwickelt habe und gewachsen bin. Das Wort »Freiheit« hat eine ganz neue Bedeutung für mich. Ich hatte nie geplant, ein Vorbild zu werden oder ein Lehrer und Mentor. Ich wollte nichts weiter sein als ein anständiger Kerl, der Musik macht und an Werte wie Ehr-

lichkeit und Aufrichtigkeit glaubt und daran, dass man für die Zukunft Träume hegen sollte.
Als der Wachbeamte die Tür aufschließt und uns hinauslässt, zwinkert mir einer der Insassen zu, lächelt mich an und sagt: »Passen Sie gut auf sich auf, Boss. Und trinken Sie mal einen für mich mit. Und noch mal vielen Dank.«

Mit der Band live in San Quentin

12. Juni 1999

Auf diesen Tag habe ich lange gewartet. Heute findet das schon erwähnte kleine Konzert für die Insassen von San Quentin statt. Es ist jetzt Samstagmorgen, genau acht Uhr. Spätestens um halb zehn müssen wir am Kontrollpunkt am Osttor sein und für jeden Einzelnen von uns die Formalitäten erledigen. Ansonsten kann der Auftritt nicht stattfinden.

Es herrscht dichter Nebel und wir kommen nur langsam vorwärts. Wir sind mit drei Lieferwagen unterwegs und fahren im Konvoi, damit auf dem Weg zum Gefängnis keiner verloren geht. Im ersten Wagen befinden sich die Gitarren. Am Steuer sitzt mein guter Freund und Bandroadie Daddy G mit mir als Beifahrer. Der zweite Wagen wird von unserem anderen Roadie, Brent, gesteuert, mit ihm fahren Stevie, der andere Gitarrist der Band, und Rick, unser Drummer. Im dritten Wagen sitzen Kent, der Bassist, und Steve, unser Mann am Saxofon. Als Daddy G und ich am vereinbarten Treffpunkt ankommen, bin ich völlig geplättet vom Anblick einiger Bandmitglieder. Ich hatte am Abend zuvor alle angerufen, ihnen die wichtigsten Regeln für den Besuch im Gefängnis mitgeteilt und erklärt, was man auf keinen Fall anziehen darf. Und nun stehen sie da in schwarzen Hosen, weißen Hemden und schwarzen Anzugwesten. Sie sehen aus wie eine Horde Pinguine. Ich dachte, ich hätte mich halbwegs klar ausgedrückt, aber

anscheinend haben meine Kollegen doch nicht ganz mitbekommen, wie es im Knast zugeht. Nun denn, ich bin sicher, dass wir alle, noch bevor es Abend wird, eine Menge Geschichten zu erzählen haben werden. Ich bin schon ganz hibbelig angesichts der Tatsache, dass ich dieses Mal mit der Band auftrete und nicht alleine bin wie sonst. Und ich bin überzeugt, dass es für meine Schüler, die mich noch nie zusammen mit der Band gesehen haben, ebenfalls ein aufregendes Erlebnis wird. Ich kann es kaum erwarten, die Gesichter meiner Mitmusiker zu sehen, wenn wir vom Personal und den Insassen in Empfang genommen werden. Auch wenn ich gestern Abend mit allen telefoniert und versucht habe, sie einigermaßen vorzubereiten, wird mir nun klar, dass sie keinen Schimmer von dem haben, was sie erwartet.
Die wichtigsten Regeln, die ich ihnen mit auf den Weg gegeben hatte, waren folgende: Erstens – wenn ein Insasse euch fragt, wo ihr wohnt, denkt euch irgendeine Stadt aus. Sagt niemals, wo ihr lebt. Erzählt niemandem, ob ihr Familie habt, und gebt keine persönlichen Informationen weiter. Zweitens – nicht mit irgendwelchen Insassen herumspazieren. Mit anderen Worten: keine Vertraulichkeiten, immer eine gewisse Distanz wahren, am besten als Band zusammenbleiben. Die drei bereits erwähnten wichtigsten Regeln, die man während des Aufenthalts im Gefängnis immer einhalten muss: (1) nicht rennen, (2) immer einen Ausweis mit Passfoto dabeihaben, (3) die Insassen nicht anstarren. Von meiner Chefin weiß ich, dass sich auf

dem Gefängnishof zwischen 1.000 und 1.200 Insassen einfinden werden, um unseren Auftritt zu erleben. Bei einer solchen Menge von Häftlingen kann es schon mal Ärger geben.

Ich habe den Eindruck, dass meine Bandkollegen denken, das hier wäre ein Auftritt wie jeder andere, den man einfach so locker vom Hocker herunterspielt. Aber da irren sie sich, und das werden sie bald auch selber merken. Ihre belustigten Blicke werden ihnen spätestens dann vergehen, wenn wir das Gefängnis betreten und sie ihre Namen in die Besucherliste eintragen müssen. Vier Typen, die aussehen wie Pinguine, oh Gott, wie peinlich. Wenigstens tragen Daddy G, Brent und ich Klamotten in Grün, Schwarz und Grau. Die Häftlinge werden beim Anblick meiner Bandkollegen denken: »Wofür haben die sich so rausgeputzt? Das ist hier ein Knast.« Und jetzt stehen sie da und sehen aus, als würde es zu einem Auftritt im Holiday Inn gehen. Das schreit nach Ärger. Ich wünsche ihnen viel Glück, denn im Gefängnis ist jeder auf sich allein gestellt. Die diensthabenden Wachbeamten werden sich – hoffentlich – um uns kümmern und aufpassen, dass uns nichts passiert. Außerdem, das hat auch meine Chefin bestätigt, genieße ich im Gefängnis hohen Respekt, weil ich bereit bin, dort Gitarrenunterricht zu geben, und alle die Musik lieben. Ich bin ein sogenannter freier Mann – jemand von draußen, der den Insassen ein Geschenk bringt, das ihr Leben verändert.

Schon als wir beim Osttor vorfahren, sagt Daddy G zu

mir: »Mann, das sieht ja finster aus, Buzzy. Wann hauen wir hier wieder ab?« Nach einer kurzen Pause fügt er hinzu: »Der Anblick ist mit Geld nicht zu bezahlen. Das ist doch ein Irrenhaus. Ich will wieder nach Hause.«

Ich schaue zu ihm herüber und sage: »Daddy G, das hier ist noch gar nichts. Warte mal ab, wie es dir geht, wenn wir erst mal drin sind und du die Luft da drin riechst. Verglichen damit fühlst du dich jetzt noch wie im Urlaub.« An den Gesichtern der anderen erkenne ich, dass ihnen jetzt erst dämmert, was da auf sie wartet. Keiner von ihnen sagt ein Wort.

Nachdem wir uns alle in die Besucherliste eingetragen und eine Einlassgenehmigung erhalten haben, parken wir die Lieferwagen auf dem Besucherparkplatz. Dort steigen wir um in den Wagen von Daddy G und ich setze mich ans Steuer. Da ich einen Mitarbeiterausweis habe, darf ich mit dem Auto auf bestimmte Gebiete des Gefängnisgeländes fahren. Die übrigen quetschen sich also auf die verbliebenen Sitze und ich mache mit ihnen eine viertelstündige Rundfahrt durch das Staatsgefängnis San Quentin.

Als Erstes fahren wir am H-Unit vorbei und dann an der Ranch. Ich zeige ihnen so viel, wie in der kurzen Zeit möglich ist. Es herrscht absolutes Schweigen im Wagen. Alle sind völlig geplättet und sprachlos. Als wir wieder auf dem Parkplatz sind und den Wagen abstellen, frage ich: »Alles in Ordnung mit euch?« Keiner bringt ein Wort hervor. Sie nicken einfach nur mit dem Kopf. Ich lächele sie an und

sage: »Dann mal los, meine Herren. Jetzt amüsieren wir uns mal so richtig.«
Es sind 30 Treppenstufen vom Parkplatz bis zum nächsten Kontrollpunkt. Am Ende der Treppe nehmen uns zwei Wachbeamte in Empfang. Sie fordern uns auf, unsere Gitarrenkoffer und den Saxofonkoffer aufzumachen. Also stellen Stevie, Kent, Steve und ich unsere Koffer ab und klappen sie auf.
Plötzlich ruft einer der Wachbeamten: »Was ist in diesem Pillenfläschchen? Aufmachen! Sofort aufmachen!«
Ich kann es kaum glauben, dass sich dieser Wachbeamte wegen einem Pillenfläschchen in Stevies Gitarrenkoffer so aufregt. Stevie schaut zu mir herüber. Er ist kreidebleich.
Ich sage: »Dann mach das Ding halt auf, Stevie. Was ist denn überhaupt drin?«
»Weiß ich auch nicht. Ich hab total vergessen, dass ich das Ding überhaupt in meinem Koffer hatte. Keine Ahnung, was drin ist.«
Der Wachbeamte steht vornübergebeugt hinter Stevie und wartet darauf, dass der den Deckel abschraubt. Die Jungs aus der Band halten den Atem an und warten nervös auf das, was als Nächstes passieren wird. Auch ich denke: »Na prima, jetzt gibt's wirklich Ärger.« Schließlich nimmt Stevie das Pillenfläschchen, schraubt den Deckel ab, schaut hinein und sagt dann mit einem Lächeln auf dem Gesicht: »Gott sei Dank. Sind nur Schrauben und Muttern für meine Gitarre. Nichts weiter.«
Die Beamten überprüfen die übrigen Instrumentenkof-

fer und lassen uns dann passieren. Wir gehen weiter zum nächsten Kontrollpunkt. Als wir an der letzten Personenschleuse ankommen, sind alle sprachlos. Keiner sagt ein Wort. Rick, der Drummer, flüstert mir zu: »Buzzy, dieser Laden ist der Horror. Ich kann's gar nicht fassen, dass du hier jede Woche hinfährst und Unterricht gibst. Bist du sicher, dass uns hier nichts passieren wird?«

Einer der Beamten, die uns begleiten, lächelt und sagt: »Jungs, ihr habt nichts zu befürchten. Die Insassen, mit denen ihr zu tun habt, sind alle total heiß auf eine geballte Ladung Rock 'n' Roll.«

Ein Kollege von ihm fügt hinzu: »Das Ganze hier ist ein bisschen viel für euch und deswegen seid ihr nervös, aber macht euch keine Gedanken. Es wird alles gut gehen. Keiner wird euch Ärger machen, während ihr hier drin seid. Achtet auf das, was ihr sagt, und alles wird prima.«

Wir gehen eine alte Pflastersteinstraße runter zum Hauptgefängnishof. Dies ist der älteste Teil des Anstaltsgeländes. Als wir um die Ecke biegen, sehen wir uns etwa 1.000 muskelbepackten Häftlingen gegenüber, die über den Hof schlendern oder einfach nur abhängen. Außer den beiden Wachbeamten, die uns eskortieren, ist weit und breit kein Wärter zu sehen. Es ist, als würde sich vor uns ein jeansblauer Ozean ausbreiten. Es wird nur noch ein paar Minuten dauern, dann sind wir tatsächlich auf uns allein gestellt.

Als wir den Hügel runtergehen, begrüßen mich etliche meiner ehemaligen Schüler. Manche klatschen mich ab, ein paar umarmen mich sogar. Einen Moment lang komme ich mir vor wie bei einem Klassentreffen. Meine Chefin kommt zu unserer Begrüßung. Über das ganze Gesicht strahlend schüttelt sie die Hände meiner Bandkollegen und dankt ihnen dafür, dass sie ins Gefängnis gekommen sind, um vor den Insassen aufzutreten. Sie wiederholt, dass ich unter den Häftlingen großen Respekt genieße.

»Buzzy, wenn die Insassen dir vertrauen, dann vertrauen sie auch den Jungs in deiner Band.« Mittlerweile versammeln sich immer mehr Häftlinge um uns herum und stellen Fragen wie die folgenden: »Was für Musik macht ihr überhaupt?« – »Wie lange spielt ihr schon zusammen?«

In diesem Moment beugt sich Stevie zu mir herüber und sagt: »Buzzy, wo sind denn hier die Klos? Ich muss dringend pinkeln und ich kann damit nicht warten, bis wir fertig sind. Kannst du vielleicht einen von deinen Schülern fragen, wo hier das Klo ist?«

Ohne weiter nachzudenken, drehe ich mich um und frage einen meiner ehemaligen Schüler: »Hey, wo ist denn hier das Klo? Mein Kumpel Stevie muss mal dringend pissen und wir haben nur noch 20 Minuten, bevor wir loslegen sollen.«

Die Häftlinge, die um uns herumstehen und diese Unterhaltung mitbekommen, hören auf zu reden und schauen zu Stevie und mir herüber. Nach ein paar Augenblicken deutet einer von ihnen schließlich auf ein altes Gebäude aus roten Backsteinen und sagt: »Sehen Sie die Backsteinwand da drüben? Das ist die Herrentoilette. Nicht schüchtern sein. Privatsphäre ist im Knast ein Fremdwort. Also, wenn Sie pissen müssen, dahinten ist das Klo, Chef.«

Ich schaue Stevie an. »Na, dann mal los, mein Freund. Du musst selber wissen, was du tust. Aber wenn du pinkeln willst, würde ich mich an deiner Stelle beeilen, denn die Uhr läuft.«

An Stevies Gesichtsausdruck lässt sich ablesen, dass er nicht sicher ist, ob die Häftlinge die Wahrheit sagen oder ihn verarschen. Er druckst ein paar Minuten herum und steuert dann doch auf die rote Backsteinmauer zu. Als er noch ein paar Meter davon entfernt ist, schaut er sich noch einmal nach uns um und wir winken ihm natürlich alle zu. Einer der Häftlinge, die mit uns zusammen herumstehen, ruft ihm zu: »Viel Glück!«

Ein anderer fügt hinzu: »Wenn ich was halten soll, sagen Sie Bescheid! Ich helfe gerne!«

Er steht ein paar Minuten da, blickt sich immer wieder zu uns um und wir winken ihm zu und recken die Daumen in die Höhe. Schließlich schafft er es dann doch zu pinkeln. Als er sich wieder zu uns gesellt, klopfen ihm einige der Häftlinge anerkennend auf die Schulter oder klatschen ihn ab aus Anerkennung darüber, dass er an eine Gefängnismauer gepinkelt hat. Stevie sagt kein Wort. Er lächelt nicht mal. Ich glaube, er steht unter Schock.

Bevor wir dran sind, spielen noch drei weitere Bands – zwei Blues-Bands und eine Funk-Blues-Band –, die ausschließlich aus Insassen von San Quentin bestehen. Sämtliche Verstärker, das Schlagzeug, die Keyboards und das weitere Zubehör sind Gefängniseigentum. Daher sind, abgesehen von meiner Chefin und den beiden Wachbeamten, meine Bandkumpels und ich die einzigen Leute von draußen. Und als der eine der beiden Beamten aus unserer Eskorte uns viel Spaß wünscht und erklärt, dass er und sein Kollege sich auf den Weg machen und in einer Stunde wieder zurückkommen werden, sind wir ganz allein mit den etwa 1.000 Häftlingen.

Als wir endlich an der Reihe sind, gehen wir gleich mit vollem Eifer zur Sache. Der erste Song ist »Great Balls of Fire«, gefolgt von »Old Time Rock and Roll« und »Rock This Town«. Insgesamt 15 schnelle Songs und eine langsame Nummer – »My Girl« von den Temptations. Eine Stunde Partymusik vom Feinsten. Die Häftlinge kommen rasch in Fahrt. Überall wird getanzt und mitgesungen. Es ist ein toller Anblick. Man kann die gute Laune, die überall herrscht, förmlich spüren. Während wir spielen, recken die Musiker unter den Häftlingen die Daumen in die Höhe und mustern unsere Gitarren.

Wir beenden unseren Auftritt mit »Sharp Dressed Man«. Alle haben einen Heidenspaß. Die Häftlinge singen im Chor »Every Girl Crazy 'bout a Sharp Dressed Man«, recken die Fäuste in die Luft und tanzen, was das Zeug hält. Ich wollte, ich könnte ein Foto machen. Das Gefängnis rockt – und zwar heftig. Einige der Insassen küssen sich oder halten Händchen, während wir »My Girl« spielen. Der Anblick von zwei finster aussehenden Häftlingen mit rasierten Schädeln und jeder Menge Tätowierungen, die sich abknutschen, ist extrem merkwürdig.

Als ich meinen Verstärker ausschalte und meine Gitarre

einpacke, kommt einer der Häftlinge, die vor uns aufgetreten sind, zu mir und fragt mich: »Kennen Sie zufällig ein paar Konzertveranstalter? Ich werde in zwei Jahren entlassen. Oder könnte ich vielleicht Ihre Nummer oder Adresse haben? Ich würde mich dann bei Ihnen melden, wenn ich wieder draußen bin.« Ich kann ihm nichts weiter antworten als: »Tut mir leid, mein Freund, aber da kann ich Ihnen nicht weiterhelfen. Trotzdem viel Glück.« Dann schüttele ich ihm die Hand.

Wir machen uns auf den Weg nach draußen. Auf der abschüssigen Straße den Hügel hinauf bleiben wir noch einmal stehen und werfen einen letzten Blick auf die Häftlinge auf dem Hof. Was für ein Anblick. Gefängnisinsassen, die aussehen wie Frauen – allerdings mit jeder Menge Tätowierungen –, schlendern herum und halten Ausschau nach Frischfleisch (Gefängnis-Slang für sehr junge Häftlinge). Ich sage: »Okay, Jungs. Wir müssen weiter.«

Auf dem Weg zu den Autos sagt keiner ein Wort. Rick ist kreidebleich, Brent ist schwindlig und Daddy G will nur nach Hause. Irgendwie scheinen alle froh zu sein, den Heimweg antreten zu können. Am Ende der Straße treffen wir wieder die beiden Wachbeamten, die uns auf den Hof eskortiert hatten und die uns nun zum Ausgang bringen. Einer der beiden wirft einen Blick auf Rick und Brent und sagt: »Alles in Ordnung, Jungs? Ihr seht nicht gerade aus wie das blühende Leben.«

Kent, das Bassist, antwortet: »Ich fühle mich auch ziemlich beschissen.«

Worauf Rick hinzufügt: »Mir platzt gleich der Schädel. Ich brauche dringend einen Drink.«
Stevie schaut grinsend zu mir herüber, sagt aber kein Wort. Deshalb frage ich ihn: »Was ist los, Großer? Was geht dir gerade durch den Kopf?«
Er lächelt und sagt: »Das hier müssen wir irgendwann noch mal machen. Ich hab mich prächtig amüsiert.«
Ich bin froh, dass alles so glatt über die Bühne gegangen ist. Das Ganze hat mich total an den Film *Blues Brothers* erinnert. Ich wette, dass keiner aus der Band den heutigen Tag je vergessen wird. Als wir die Ausgangskontrolle passieren, berichtet einer der Beamten, der uns eskortiert, dass die erste Band, die heute gespielt hat, ausschließlich aus Lebenslänglichen besteht.
»Jungs, diese Typen, die vor euch gespielt haben – die werden hier drin sterben. Irgendwie schon eine Schande, denn ein paar von den Arschgeigen können echt gut singen und spielen. Wie sieht's bei euch aus? Hattet ihr Spaß?«
Niemand gibt ihm eine Antwort.
Wir gehen zu unseren Lieferwagen. Es scheint, als seien Tage vergangen, seit wir sie hier geparkt haben. Wir sind wie in Trance. So müssen sich Bergarbeiter fühlen, die nach einem Unglück im Stollen eingeschlossen waren. Das hier war das wildeste Ding, das wir je durchgezogen haben. Brent, unser zwei Meter großer und 120 Kilo schwerer Roadie, fragt mich: »Buzzy, ich wusste gar nicht, dass hier auch Frauen reinkönnen und mit den Häftlingen abhängen. Ich hab nämlich fünf Jeansmädels gesehen,

die alle verdammt scharf aussahen. Eine von ihnen – eine Schwarze – hat zu mir rübergelächelt und sich dann die Lippen geleckt. Ich kann gar nicht fassen, dass so was hier erlaubt sein soll. Wie ist das möglich?«

»Na ja, Brent. Es tut mir leid, dir das sagen zu müssen, aber die Wahrheit ist grausam: Diese scharfen Mädels, die dich angemacht haben, waren alles Typen, die hier einsitzen. So ist die Lage, Kumpel.«

Auf der Heimfahrt sagt Daddy G immer wieder: »Heilige Scheiße! War das abgefahren, Buzzy! Total abgefahren! Der Laden ist ja die Hölle. Lass uns anhalten. Ich brauche jetzt erst mal ein Bier.«

Ich antworte: »Warte, bis wir bei mir zu Hause sind, dann trinken wir zwei pro Mann.«

Zurück im North Block

13. Juli 1999

Heute beginne ich einen neuen Kurs. Er findet wieder im North Block statt, gleich neben dem Todestrakt. Mittlerweile war ich schon 32-mal in San Quentin und ich finde es immer noch grausig. San Quentin ist wie eine Stadt mit eigenen Regeln und Gesetzen. Eine Stadt in Jeansblau mit Banden, Junkies, »Familien« von Häftlingen, die den Drogenhandel organisieren, um damit Profit zu machen, und einigen Insassen mit Aids oder Hepatitis C. Die meisten sind dazu vergattert, von den jeweiligen Oberbossen herumkommandiert zu werden, die in dieser eingemauerten Stadt das Sagen haben. Jede Gang, jede Rasse und jede Gruppe von Häftlingen hat ihren eigenen Anführer – oder, wie sie hinter Gittern bezeichnet werden, ihren »Oberboss«. Sie sind die Strippenzieher und Topmanager der Schattenwirtschaft hinter Gittern. Ihre Macht beruht auf physischer Kraft oder Einschüchterung. Sie werden gefürchtet, respektiert und gehasst zugleich. Sie herrschen über ihr Territorium wie der Anführer eines Löwenrudels. Sie sind Herren über Leben und Tod. Ihrer Gnade sind die übrigen Häftlinge auf Gedeih und Verderb ausgeliefert. Wer sich nicht einschüchtern lässt, wird aus dem Weg geräumt. Sie sind die Paten dieser Welt hinter Gittern.

Ich war jetzt drei Wochen lang nicht im Gefängnis. Das letzte Mal war beim Auftritt mit meiner Band. Mann, das war vielleicht eine wilde Angelegenheit. Das H-Unit ver-

misse ich kein bisschen. Verstehen Sie mich nicht falsch, es war eine interessante Erfahrung – aber ich bin nicht sonderlich scharf darauf, sie weiter zu vertiefen.
Allein schon der Weg zum North Block ist wesentlich angenehmer als der zum H-Unit. Die ganze Atmosphäre ist weit weniger stressig. Bei meiner Ankunft teilt mir meine Chefin mit, dass ich zwischen zehn und zwölf neue Schüler habe.
Einer der Wachbeamten erklärt mir, dass in den großen alten Fabrikgebäuden, die man vom Highway 101 aus sehen kann, von den Häftlingen alles Mögliche hergestellt wird – Bettenrahmen, Tische, Stühle –, die Profite aus dem Verkauf gehen an das Gefängnis. Es kostet eine Menge Geld, eine Institution wie San Quentin am Laufen zu halten. Die Einnahmen aus dem Verkauf der von den Insassen hergestellten Produkte tragen zur Deckung der Unterhalts- und Betriebskosten bei. Für ihre Arbeit erhalten die Häftlinge 2 Dollar pro Tag. Der Hauptzellenblock hat fünf Stockwerke mit jeweils 100 in Zweierreihen angeordneten Zellen pro Gang, in denen jeweils zwei Strafgefangene untergebracht sind. Überall auf dem Boden sind gelbe Linien aufgemalt, die kein Häftling je übertreten darf. Ich staune darüber, wie reinlich es hier ist. Selbst die Fußböden wirken sauber.
Manchmal frage ich mich, wie lange ich wohl noch hierherkommen werde. Es ist fast wie eine Droge. Manchmal möchte ich noch tiefer in die Geheimnisse von San Quentin eindringen und einige Mitarbeiter haben mir

auch schon eine Führung angeboten. Ich brauche nur zu fragen.
Auf meinem Weg zum Ausbildungsraum komme ich am Max Shack vorbei. Ich schaue zum Bürofenster hinein und sehe zwei weibliche Wachbeamte, die sich unterhalten. Also öffne ich die Tür und sage Hallo. Sofort dreht sich eine der beiden zu mir herum und fragt: »Wer sind Sie und was wollen Sie?«
Ich erkläre ihr, dass ich der Gitarrenlehrer bin, der von jetzt an immer dienstagabends einen Kurs für die Insassen abhält. Daraufhin telefoniert sie mit der Hauptpforte und drückt mir anschließend einen Panikknopf in die Hand. »Wenn es Ärger geben sollte, drücken Sie einfach nur auf den kleinen Knopf, und schon bricht die Hölle los. Willkommen im Staatsgefängnis San Quentin.«
Als ich den Fortbildungstrakt betrete, kommt ein Insasse auf mich zu und fragt, ob er auch an meinem Kurs teilnehmen kann. »Chef, ich hab nur noch vier Jahre und zwei Monate hier abzusitzen. Das wäre ein bisschen leichter, wenn ich was hätte, mit dem ich mich beschäftigen kann. Gitarrespielen beispielsweise.«
Ich antworte, dass er sich deswegen an das Gefängnispersonal wenden muss. »Tut mir leid. Meine Chefin hat das Sagen, was die Organisation angeht. Ich gebe nur den Unterricht.«
Während wir uns noch unterhalten, trudeln sechs Schüler ein. Sie brauchen alle neue Saiten für ihre Gitarren. Glücklicherweise habe ich zehn Sätze frische Saiten dabei sowie

eine ganze Menge Plektren. Und so mache ich mich zunächst einmal daran, auf sämtliche Gitarren neue Saiten aufzuziehen, ehe wir nach 90 Minuten endlich loslegen können.
Ich zeige den Kursteilnehmern die Songs »Johnny B. Goode«, »Old Time Rock and Roll« und »Gloria«. Nur ein einziger Schüler hat keine Vorkenntnisse auf der Gitarre. Dafür kann er aber singen – und wie! Er singt sich schier die Seele aus dem Leib. Sein Gesang erinnert an Chuck Berry, sein Aussehen hingegen an Charles Manson. Ich lasse ihn alle drei Stücke singen.
Gegen Ende des Unterrichts bedanken sich alle Teilnehmer bei mir, dass ich mir die Umstände mache und ihnen etwas über Musik beibringe. Der Häftling, der den Gesangspart übernommen hat, schüttelt mir die Hand und sagt: »Danke, dass ich singen durfte, Boss. Sie sind schwer in Ordnung. Sie brauchen sich keine Sorgen zu machen, dass während des Unterrichts was passieren könnte. Wir passen schon auf Sie auf und halten Ihnen den Rücken frei. Bis nächste Woche. Fahren Sie vorsichtig und kommen Sie gut nach Hause.«
Die Häftlinge in diesem Kurs sind ganz anders als diejenigen im H-Unit. Während wir »Gloria« spielen, schließen manche die Augen und wiegen sich hin und her, während sie mit den Füßen den Takt halten. Dieser Kurs wird jede Menge Spaß machen, das kann ich jetzt schon sagen.
Als ich die Tür zum Ausbildungsraum zumache, beschließe ich, noch einmal bei den Damen im Max Shack vorbeizu-

schauen, weil ich ja ohnehin den Panikknopf zurückbringen muss. Da die Tür offen steht, strecke ich den Kopf rein.
Eine der Beamtinnen sagt zu mir: »Ich habe gehört, dass Sie gerne mal eine Führung mitmachen würden. Stimmt das?«
»Allerdings. Ich würde ganz gern mal ein bisschen mehr von San Quentin zu sehen bekommen.«
Sie lächelt mich an. »Na, da haben Sie heute ja mal Glück. Ich werde Sie ein bisschen herumführen. Lassen Sie Ihre Gitarre hier bei meiner Kollegin und kommen Sie mit.«
Unsere erste Station ist der Speisesaal. Ich frage sie, wie lange sie bereits in San Quentin arbeitet, und sie antwortet: »Etwas über drei Jahre.«
Als sie die Tür zum Speisesaal aufmacht, hören alle auf zu essen, es verstummen sämtliche Gespräche und alle Augen sind plötzlich auf uns gerichtet. Niemand sagt ein Wort. Alle schauen uns an, als wären wir Wesen von einem anderen Stern. Als die schwere Stahltür hinter uns ins Schloss fällt, wird mir kalt. Nach und nach nehmen die Gefangenen ihre Gespräche wieder auf. Es ist merkwürdig, aber auf einmal fühle ich mich wie der Außenseiter in diesem Gefängnis. Ich bin anders als sie. Allein schon wegen meiner Kleidung. Ich trage weder Jeansblau noch habe ich eine Uniform an. Ich trage Straßenkleidung, und das zieht die Blicke der Insassen auf sich, denn sie fragen sich, wer ich wohl sein mag. Glücklicherweise sind ein paar der Schüler aus meinem allerersten Kurs im Saal, und die kommen nun

zu mir herüber, schütteln mir die Hand und erkundigen sich, wie es mir geht und ob ich immer noch Kurse gebe. Das macht die Situation in diesem Moment ein bisschen weniger beklemmend.

Was mir neben den Gefangenen am meisten ins Auge fällt, sind die monumentalen Wandgemälde im Saal. Sie sind vier Meter hoch und nahezu 30 Meter breit. Auf ihnen dargestellt ist die Geschichte Kaliforniens von den Tagen der Besiedlung durch die Pioniere bis zur Zeit des Zweiten Weltkriegs und dem Wahnsinn an der Heimatfront. Die in rötlich-braunen Tönen gehaltenen Darstellungen zeigen verschiedene populäre Motive von Filmstars bis zu Landarbeitern auf dem Feld.

Es gibt sogar ein paar optische Illusionen: Eine Straßenbahn, die an einer Wendestelle steht und den Eindruck erweckt, als würde sie in den Raum hineinragen, wenn man daran vorbeigeht. Oder ein Flugzeug in einer Montagehalle, das ebenfalls dreidimensional wirkt. Die Wachbeamtin erzählt, dass diese Wandgemälde 1953 auf Betreiben der Gefängnisleitung von einem einzelnen Häftling angefertigt wurden, als der alte Speisesaal durch das Hochziehen neuer Wände in mehrere Sektionen unterteilt wurde.

»Mir hat man erzählt, dass dieser Häftling zwei Jahre daran gearbeitet hat. Er stand dabei auf einem Gerüst, das von zwei anderen Insassen hin- und hergeschoben wurde.«

Als wir den Speisesaal verlassen, hauchen mir wieder einmal einige Häftlinge Luftküsse zu oder blinzeln mich an.

Auf dem Gang fragt mich die Beamtin, ob ich ein paar von den Zellen sehen wollte.
»Sicher«, sage ich. »Aber geht das einfach so?«
»Kein Problem«, ist ihre Antwort. »Es ist der reinste Affenzirkus, aber Sie werden begeistert sein. Kommen Sie mit.«
Wir gehen zu einem der Zellentrakte. Oh Mann, was für ein ekelhafter Gestank da herrscht! Es gibt keine Frischluft, dafür aber jede Menge Darmwinde. Die Zellen sind so groß wie ein kleines Badezimmer und ausgestattet mit zwei Pritschen und einer Kloschüssel. Mir wäre das entschieden zu eng.
In einigen Zellen stehen Fernsehgeräte. In anderen sitzen die Gefangenen und lesen oder schreiben. Während ich zusammen mit der Beamtin an den Reihen der Zellen vorbeigehe, kommen gelegentlich Anmachsprüche. Je tiefer wir in den Zellentrakt vordringen, desto intensiver wird der Geruch, bis ich schließlich mit einem starken Würgereiz zu kämpfen habe. Anscheinend merkt die Beamtin, dass ich mich nicht allzu wohlfühle, denn sie sagt: »Die Luft hier drin wird ein bisschen dick. Wie wär's, wenn wir wieder rausgehen? In Ordnung?«
»Wenn ich ehrlich bin, macht mir der Geruch schon zu schaffen.«
Nach fünf Minuten sind wir wieder an der frischen Luft.
»Vielen Dank dafür, dass Sie mich herumgeführt haben. Nett, dass Sie sich die Zeit genommen haben. Bis nächsten Dienstag.«

Auf der Heimfahrt danke ich Gott, dass er mir die Musik gegeben hat und ich wieder frische Luft atmen kann.

27. Juni 1999

Letzte Nacht habe ich vor dem Schlafengehen noch ein wenig Fernsehen geschaut und hin- und hergeschaltet, bis ich schließlich bei MTV gelandet bin, wo eine Sendung mit dem Titel *Scared Straight* gezeigt wurde. Dabei geht ein Kamerateam des Senders in ein Gefängnis irgendwo in den USA und filmt, wie ein paar hartgesottene Knastbrüder jugendliche Möchtegerngangster zusammenschreien, bis diese irgendwann einknicken und in Tränen ausbrechen. Einige von diesen Jugendlichen sind bereits auffällig geworden oder vorbestraft, weshalb ihr Bewährungshelfer auf die Idee gekommen ist, sie ins Gefängnis zu schicken, um ihnen einen Vorgeschmack auf das zu geben, was sie dort erwartet, und herauszufinden, ob sie ihr Leben wirklich hinter Gittern zubringen wollen.

Ein paar von den Insassen brüllten die Jugendlichen an, dass es keine drei Tage dauern würde, bis irgendjemand sie zu seiner Knastnutte macht. Andere spuckten die Jungspunde an. Wieder andere drohten einem Jugendlichen: »Dich kleine Schlampe tausche ich gegen ein Päckchen Kaugummi ein, ohne dass es mich auch nur im Geringsten kratzt. Wie gefällt dir das, du Fotze?« Einer der Jungs brach in Tränen aus, ein anderer musste kotzen.

Ich habe die Sendung eine Dreiviertelstunde lang ausgehalten und dann umgeschaltet. Selbst mir hat das Ganze eine Heidenangst eingejagt. Und dabei arbeite ich im Gefängnis. Jedenfalls werde ich um diese Sendung in Zukunft einen großen Bogen machen. Immer wieder finde ich es unbegreiflich, dass Jugendliche es für erstrebenswert halten, ihr Leben im Gefängnis zuzubringen.
Als ich zum Eingang am Osttor komme, geht gerade die Sonne unter. Die Schatten der Mauern wirken in diesem Licht noch bedrohlicher. Nachdem ich meinen Wagen geparkt und die Eingangskontrolle hinter mich gebracht habe, gehe ich hinüber zum 4 Post, um die Laufzettel und die Anwesenheitslisten abzuholen.
Der Beamte dort erklärt mir: »Es tut mir leid, mein Sohn, aber die Laufzettel für die Kursteilnehmer sind nicht da. Und ohne die können Sie da nicht rein. Am besten, Sie warten hier kurz, während ich sie hole.«
Sekunden später beginnen Alarmglocken zu schrillen, Blaulichter flackern auf und Sirenen tönen so laut, dass es einem in den Ohren wehtut. Ich versuche, den Wachbeamten zu fragen, was los ist, doch der ist mittlerweile vollauf damit beschäftigt, Anweisungen zu brüllen: »Den Waffenschrank aufsperren! Weitere Verstärkung anfordern!«
Während hier drin alles drunter und drüber geht, sehe ich links von mir drei Insassen im Schneidersitz auf dem Boden vor dem Büro sitzen.
Einer von ihnen grinst mich an und sagt: »Sie können sich gern zu uns setzen. Hier kommen Sie die nächste Zeit

sowieso nicht weg. Und raus geht's erst recht nicht. Es wird eine Weile dauern, bis in dem Laden wieder Ruhe herrscht.«
Der Häftling neben ihm sagt: »Sie sind der Guitar Man, stimmt's? Ich hab schon von Ihnen gehört. Wir können uns ja über Musik unterhalten, bis sie den Alarm wieder abstellen.«
Mittlerweile rennen Wachbeamte an mir vorbei den Flur entlang. Ihre Schlüsselbünde schlagen gegen die Gürtel, während sie sich selber irgendwas von wegen Großalarm und Einschluss und Kämpfen unter den Häftlingen zubrüllen und gleichzeitig ihre Waffen zücken. Ziemlich atemberaubend, optisch und akustisch. Ich bin starr vor Schreck. Nach einer halben Ewigkeit auf dem Fußboden ist mit einem Mal plötzlich alles vorbei. Alles hört einfach auf – die Blaulichter, die Sirenen, das Geschrei der Wachbeamten, alles. Ganz plötzlich und ohne Vorwarnung. Genau so, wie es angefangen hatte.
Als ich wieder zum 4 Post hinübergehe, sagt mir der Beamte, dass ich nach Hause fahren soll, weil kein Unterricht stattfinden wird. Ich frage ihn nach einer Durchwahlnummer, damit ich beim nächsten Mal anrufen kann, bevor ich die ganze Strecke hierherfahre. Er gibt mir eine Telefonnummer und meint: »Vielleicht klappt es ja nächste Woche.«
Ich trage mich aus der Besucherliste aus, fahre durch das Osttor vom Gefängnisgelände und stehe auf der Bay Bridge erst mal eine Dreiviertelstunde im Stau. Während

der gesamten Heinfahrt muss ich immer wieder daran denken, dass ich in San Quentin gerade in einen Großalarm geraten bin und was für ein mieses Gefühl es war, in der Falle zu sitzen und nicht zu wissen, was als Nächstes passiert. Ganz übel – auch wenn es nur ein paar Minuten waren. Jedenfalls werde ich nächste Woche vorher anrufen. Auf diese Sorte Aufregung kann ich gut verzichten.

3. August 1999

Die letzten vier Tage war es im Norden Kaliforniens richtig heiß. Heute lag die Höchsttemperatur bei 40 Grad. In meinem Pickup ist es auf der Fahrt nach San Quentin drückend heiß.

Ich passiere die Einlasskontrolle und fahre auf den Parkplatz. Die Luft ist so brütend und zäh, dass das Atmen schwerfällt. Als ich am Klassenzimmer ankomme, bin ich nass geschwitzt. Ich mache die Tür auf und ein Hitzeschwall schlägt mir entgegen. Unmöglich, sich da drin aufzuhalten. In dem Raum muss es mindestens noch fünf Grad wärmer sein als draußen. Also lasse ich das Zimmer erst mal durchlüften und gehe nach draußen, wo ich mit ansehe, wie das Gefängnis nach dem Abendessen wieder zum Leben erwacht.

Hunderte von Häftlingen strömen aus dem Speisesaal, eine endlose Flut von Jeansblau, die hin- und herschwappt. Während ich neben der Tür zum Klassenzimmer stehe und warte, kommen zwei Wachbeamte ganz langsam auf mich zu. Einer von ihnen ist schwarz, der andere weiß. Beide sind ziemliche Brecher. Ich frage mich schon, was die beiden von mir wollen könnten, als der Weiße mich leise fragt: »Hey, Chef, wissen Sie, wo man eine gute Gitarre für wenig Geld kaufen kann?«

Der Schwarze fragt: »Ich wollte schon seit Langem ein Instrument lernen. Ist es schwer, Gitarre spielen zu lernen? Ich will einfach nur ein Instrument lernen, um Musik zu machen und mich dabei zu entspannen. Nichts weiter.«

In den nächsten paar Minuten erkläre ich ihnen, welche Gitarren gut und günstig sind, und nenne ihnen ein paar Läden in der Bay Area, in denen man sie kriegen kann. Während ich den Wachbeamten Einkaufstipps gebe, höre ich die Sirene eines herannahenden Krankenwagens. Die Sirene verstummt, das Blaulicht geht aus und alle Häftlinge auf dem Hof machen Platz, um den Gefängniskrankenwagen durchzulassen. Einer der beiden Wachbeamten sagt: »Hat sich garantiert wieder so ’n Grützkopf bei ’ner Schlägerei was eingefangen. Oder ist von ’nem Mithäftling besprungen worden. So ist das Leben im Gefängnis. So was passiert andauernd. Da kräht kein Hahn nach. Das gehört zum Alltag.«

Allmählich trudeln meine Schüler ein und ich verabschiede mich von den Beamten. Kaum, dass ich das Klassenzimmer betrete, fange ich wieder an zu schwitzen. Ich wische mir mit einem Handtuch das Gesicht ab und sage: »Ist das heiß heute Abend.«

Ein schon etwas älterer schwarzer Häftling lächelt mich an und sagt: »Scheiße, Boss, das hier ist noch gar nichts. Sie sollten mal ein oder zwei Nächte in einer von unseren Zellen zubringen. Die Hitze ist da manchmal unerträglich. Das hier ist erst der Anfang. Warten Sie mal ab, wenn die Temperatur auf 45 Grad steigt, dann geht hier die Party richtig los. Es gibt nichts Schöneres, als eine Horde alter Knackis zu braten. Deswegen sind wir alle so aufgekratzt, wenn es richtig heiß wird.«

Das nächste Mal halte ich besser den Mund. Wir gehen die Anwesenheitsliste durch und dann über zu den Songs »My Girl« und »Stand by Me«. Mir kommen die Teilnehmer heute alle ziemlich ruhig und entspannt vor. Insofern ist die Hitze ganz hilfreich. Gleichzeitig herrscht allerdings auch heftigster Achselgeruch, was bei mir Würgereize verursacht. Doch der Unterricht geht wunderbar glatt über die Bühne, abgesehen von der unglaublichen Hitze. Während wir alle »Stand by Me« spielen und singen, fängt einer der Häftlinge auf einmal an zu heulen. Einer nach dem anderen hören die übrigen Teilnehmer auf zu singen und legen ihre Gitarren auf den Boden. Wie kleine Jungs, die um einen Spielkameraden besorgt sind, scharen sie sich schweigend um ihn herum.

»Ist alles in Ordnung?«, frage ich.

»›Stand by Me‹ ist das Lieblingslied von meinem Sohn. Wenn ich dieses Stück höre, zerreißt es mir jedes Mal das Herz. Ich muss oft an ihn und an meine Frau denken und ich vermisse sie sehr. Er hat mittlerweile geheiratet und hat selbst ein Kind. Ich bin ein Großvater, der nie einer sein wird. Entschuldigen Sie, dass ich heule, Boss. Ist heute nicht mein Tag.«

Die Situation der Insassen und ihrer Familien macht mich traurig. Sie tun mir leid. Der Zustand der Gesellschaft im Allgemeinen macht mich traurig. Weil es nur Verlierer gibt. Morgen, wenn ich wieder in die Jugendstrafanstalt fahre, werde ich garantiert wieder gefragt, ob ich nicht ein paar neue Geschichten aus San Quentin auf Lager hätte, die ich diesen Möchtegernknackis mit den merkwürdigen Vorstellungen von einer Traumkarriere erzählen könnte.

10. August 1999

Die Hitzewelle dauert jetzt schon zehn Tage, in denen es immer knapp 40 Grad heiß war. Bei meiner Ankunft wird mir erklärt, dass der Gitarrenunterricht für die nächsten beiden Termine in einem anderen Raum stattfinden wird. Das Gebäude, in dem der Unterricht nun stattfindet, liegt in einem der älteren Teile des Gefängnisses. Das Klassenzimmer trägt die Bezeichnung »Raum C«. Um dorthin zu gelangen, muss ich drei Etagen runtersteigen. Am Ende der Treppe liegen drei Klassenzimmer und zwei Toiletten – eine für die Insassen und eine für das Personal. Die für das Personal hat eine Tür. Die Häftlingstoilette hat keine Tür. Sie ist offen. Ein Häftling, der aufs Klo geht, ist für alle jederzeit zu sehen. Der Wachbeamte sagt, dass es noch etwa zehn Minuten dauern wird, bis die Insassen zum Unterricht erscheinen.

Als ich zum Klassenzimmer komme, ist mein Hemd durchgeschwitzt. Mein Mund ist trocken und ich muss dringend pinkeln. Ich gehe also gleich – noch bevor meine Schüler eintreffen – zur Personaltoilette, wasche mir anschließend das Gesicht und trinke einen kleinen Schluck Wasser. Die Luft in Raum C riecht alt und modrig. Ich lasse die Tür offen, um ein wenig zu lüften. Nach und nach treffen meine Schüler ein – insgesamt neun sind es heute Abend. Anhand der Anwesenheitsliste stelle ich fest, dass zwei neue Kursteilnehmer hinzugekommen sind.

Als der Letzte von ihnen zur Tür hereinkommt, schaut er mich an, lächelt und fragt: »Heißen Sie Buzzy mit Vornamen? Sind Sie der Kerl, von dem ich in der Zeitung gelesen habe? Und im Fernsehen hab ich Sie doch auch schon gesehen, oder?« Und er redet munter weiter: »Sie arbeiten viel mit auffälligen Jugendlichen, richtig? Ich hab schon einiges von Ihnen gehört. Sie sind andauernd in den Nachrichten. Und jetzt treffe ich Sie hier im Q, das ist doch nicht zu fassen. Heilige Scheiße!«

Mir fällt darauf nichts weiter ein als: »Ja, das bin ich.« Derweil läuft es mir kalt den Rücken herunter. Mir ist absolut nicht wohl bei dem Gedanken, dass die Insassen irgendetwas über mich und meine Familie wissen. Es kommt immer wieder vor, dass Häftlinge ihr Wissen ausnutzen, um Angehörige des Personals oder der Wachmannschaft unter Druck zu setzen oder zu erpressen. Ich wollte immer

ein berühmter Rockmusiker werden, aber nicht unbedingt in Knastkreisen.
Drei der Teilnehmer haben keine Gitarre, deswegen gehe ich mit ihnen über den Hof zum Kulturzentrum, wo die Gitarren aufbewahrt werden.
Nachdem wir drei Gitarren ausgesucht haben, schließe ich den Raum wieder ab und wir machen uns auf den Rückweg zu Raum C. Wir sind noch keine 30 Meter weit gekommen, da höre ich auf einmal, wie jemand das Wort »Eskorte« brüllt, und sogleich verstummt jede Unterhaltung zwischen sämtlichen Häftlingen in der Umgebung. Sie gehen zur nächsten Mauer, lehnen sich mit der Nase dagegen und rühren sich nicht. Keiner sagt ein Wort. Und so stehen sie da – schweigend, mit der Nase an der Mauer – wie programmierte Zombies. Das Wort »Eskorte« wird immer lauter geschrien. Mir schlägt das Herz bis zum Hals – und das mit jedem Mal schneller.
Da stehe ich, ganz allein auf weiter Flur, betrachte all die Häftlinge um mich herum, die mit der Nase an der Wand dastehen, und dann sehe ich, was sie nicht sehen können und auch nicht sehen dürfen: vier bullige Wachbeamte, die einen mickrigen schwarzen Häftling in einem blauen Overall, an Händen und Füßen mit Ketten gefesselt, über den Hof führen. Als sie an mir vorbeikommen, schaut er mich an und lächelt. Er sieht fast aus, als wäre er stolz.
Die Wachbeamten geleiten ihn an mir vorbei. Niemand sagt ein Wort. Die Zeit scheint stillzustehen, während ich dastehe und staunend mit ansehe, was sich da vor mir ab-

spielt. Die »Eskorte«-Rufe werden immer leiser. Einer nach dem anderen stoßen sich die Häftlinge von der Wand ab; auf ihren Nasen und der Stirn hat sich das Mauerwerk abgezeichnet.

Ich denke nur: »Was zum Teufel war das denn gerade?« Etwas Derartiges habe ich in meinem ganzen Leben noch nicht zu Gesicht bekommen. Wir machen uns wieder auf den Weg zu Raum C und irgendwann überwinde ich mich und frage einfach einen meiner Schüler, was das gerade war. Er erklärt mir, dass blaue Overalls für Häftlinge verwendet werden, die zum ersten Mal einsitzen. Um diese Häftlinge zu schützen, dürfen die übrigen Insassen sie nicht sehen, wenn sie eingeliefert werden. Auf diese Art und Weise kann man einen Häftling einfach so – puff – irgendwo in dieser Stadt mit Namen San Quentin aus dem Nichts auftauchen lassen.

Er fährt fort: »Für die Neulinge ist es auf diese Weise um einiges sicherer. Besonders wenn sie jung sind. So dauert es ein bisschen länger, bis der Knast sie durch seine Mangel dreht und sie genauso einen Schaden davontragen wie der ganze Rest. Gerade das Frischfleisch würde nicht mal die ersten Stunden unbeschadet überstehen. So sind es wenigstens ein paar Tage.«

Sobald wir wieder im Klassenzimmer sind, legen wir richtig los. »On the Road Again«, »I Got You (I Feel Good)« und »Evil Ways« habe ich vorgesehen. Alle singen und spielen sich die Seele aus dem Leib. Wenigstens verläuft dieser Teil des heutigen Abends reibungslos. Es herrscht eine ganz entspannte Atmosphäre – abgesehen davon, dass ich immer wieder an den riesigen schwarzen, »Eskorte« brüllenden Wachbeamten denken muss.

Neulinge im Gefängnis – oder »Frischfleisch«, wie sie von den übrigen Häftlingen bezeichnet werden – haben nicht die geringste Ahnung, was ihnen während ihrer ersten Stunde, des ersten Tages, der ersten Woche oder des ersten Monats hier drin passieren kann oder wird. Einschüchterungsversuche, Erniedrigung, Erpressung, Manipulation, Macht, Kontrolle und im schlimmsten Fall der Tod sind das, was einen Frischling erwartet. Das ist die bittere Wahrheit, und die Jugendlichen, mit denen ich arbeite, können es gar nicht erwarten, die Früchte ihrer Träume zu kosten. Das Problem ist, dass diese Träume, Filme und Gangsta-Rap nichts mit der Realität zu tun haben. Das Dasein als Frischfleisch in einem Knast hingegen ist leider allzu real.

Nachdem der Kurs zu Ende ist, gehe ich noch einmal beim Hauptempfang vorbei, um noch einige Papiere abzugeben. Ich erzähle dem Beamten von der Nachtschicht von meinem Kurs und wie erstaunt und erschrocken ich über die Beamten gewesen sei, die unter lauten »Eskorte«-Rufen einen jungen Insassen eingeliefert hätten. Er sagt: »Mein Junge, Sie hätten letzte Woche da sein sollen. Da gab es hier einen Aufstand, bei dem uns echt der Arsch auf Grundeis gegangen ist. Beinahe wäre uns der Laden um die Ohren geflogen. Es gab eine Schlägerei, in die ungefähr 80 Insassen verwickelt waren. Ein Riesenchaos. Wir muss-

ten Alarmstufe 2 ausrufen.« Er erzählt weiter, dass er seit 20 Jahren in San Quentin ist und sich nur an drei Situationen erinnern kann, bei denen Alarmstufe 2 ausgelöst werden musste. Grinsend flüstert er mir zu: »Es muss schon ziemlich heftig zugehen, bevor Alarmstufe 2 ausgelöst wird, aber wenn Hunde die Zähne fletschen, muss man ihnen sofort klarmachen, wer der Chef im Ring ist.«
Der ganze Scheiß, der zwischen Insassen abläuft – all das ist für mich unfassbar. Nachdem wir uns verabschiedet haben, gehe ich raus, setze mich an die Bay, schaue den Autos dabei zu, wie sie über die Bay Bridge fahren, und lasse mir die kühle, frische Sommerluft um die Nase wehen. Später im Auto überlege ich mir, was wirklich passiert, wenn Alarmstufe 2 ausgelöst wird. Beinahe hätte ich den Wachbeamten danach gefragt, aber eigentlich will ich es gar nicht so genau wissen.

17. August 1999

Heute wurde ich daran erinnert, dass Elvis Presley vor 22 Jahren gestorben ist, denn im Radio liefen den ganzen Tag seine Songs. Das brachte mich auf die Idee, für heute »Jailhouse Rock«, »Little Sister« und »Ready Teddy« auf den Lehrplan zu setzen.
Als ich auf den Parkplatz fahre, wird im Radio »Burning Love« abrupt von der Mitteilung unterbrochen, dass in der Bay Area ein Erdbeben der Stärke 5,0 registriert wor-

den sei. In der Türkei seien am Tag zuvor mehrere Menschen bei Erdbeben ums Leben gekommen. Als ich meinen Namen in die Besucherliste eintrage, frage ich den Wachbeamten, ob er etwas von dem Erdbeben mitbekommen hat. Er meint, dass einige der Beamten und etliche Häftlinge ein leichtes Beben im Boden gespürt hätten. Da, wo er selbst sich aufgehalten habe, sei nichts zu merken gewesen. Während ich über das Gelände gehe, muss ich daran denken, dass sich Raum C, das Klassenzimmer, drei Stockwerke tief unter der Erde befindet. Während ich auf meine Schüler warte, hoffe ich, dass es keine Nachbeben geben wird. Der Gedanke, in San Quentin verschüttet zu sein, lässt mir die Haare zu Berge stehen.

Es sind heute acht Teilnehmer. Einer der Häftlinge fragt mich, ob er uns einen selbst geschriebenen Song vorspielen kann, der vom Leben im Gefängnis handelt. Ich antworte, dass ich liebend gern sein Lied anhören würde. Die anderen Häftlinge setzen sich und hören zu, wie sich ihr Kollege die Seele aus dem Leib spielt und singt. Was er wirklich gut macht, wie ich zugeben muss. Und der Song ist auch richtig gut.

Als er fertig ist, gebe ich ihm die Hand und sage: »Super gemacht. Klingt echt klasse. Auf gar keinen Fall aufhören, Songs zu schreiben. Vielleicht kannst du irgendwann mal eine Platte machen.«

Er schaut mich irgendwie traurig an und sagt: »Chef, ich hab lebenslänglich. Um hier rauszukommen, muss ich entweder ausbrechen oder sterben. Aber danke für die netten

Worte, Kumpel. Vielleicht können Sie ja mal ein Tonband mit reinbringen. Wäre das möglich?«

Es tut mir leid, ihm sagen zu müssen, dass es verboten ist, irgendetwas mit ins Gefängnis zu bringen, von einem Tonband ganz zu schweigen. So etwas würde vom Wachpersonal nie genehmigt. Der Rest des Abends verläuft geruhsam und friedlich, abgesehen davon, dass ich mir die ganze Zeit über Gedanken mache, ob das Gebäude bei einem eventuellen Nachbeben einstürzen würde. Die Häftlinge machen sich solche Gedanken offensichtlich nicht und sind vollauf damit beschäftigt, ihre Elvis-Songs zu schmettern.

Kurz bevor wir zum Ende kommen, sagt einer der Häftlinge: »Scheiß auf das Erdbeben, scheiß auf diesen Knast und scheiß auf Elvis. Der Typ ist sowieso tot. Ansonsten wollte ich noch sagen, dass ich euch alle liebe, ihr Arschgeigen.« Und er fügt mit einer Stimme, die fast so klingt wie die von Elvis, hinzu: »Ich muss jetzt los. Vielen Dank euch allen. Gott segne euch.« Wir brechen alle in Gelächter aus und packen dann unsere Gitarren ein. Manchmal kann ich glatt vergessen, dass ich hier einer Gruppe von Lebenslänglichen Unterricht gebe.

31. August 1999

Seit meinem letzten Besuch in San Quentin sind zwei Wochen vergangen. Letzte Woche war ein genereller Einschluss über das gesamte Gefängnis verhängt worden, weil

diverse Werkzeuge aus einer der Werkstätten gestohlen worden waren. In der Zeitung habe ich gelesen, dass es sich dabei um zwei Zimmermannshämmer und drei Schraubenzieher handelte. Und natürlich passt es der Gefängnisleitung überhaupt nicht, wenn Gegenstände dieser Art im Umlauf sind. Es dauerte zwei Tage, bis die Sachen gefunden wurden – auf dem Haupthof. Die Insassen hätten damit eine Mordsparty veranstalten können.
Bei meiner Ankunft heute Abend merke ich gleich, dass das ganze Personal besonders wachsam ist, um weitere Unruhen zu vermeiden. Einer der Wachmänner hat Schichtende und erzählt mir, dass es vor vier Stunden noch eine Bandenschlägerei gegeben hat, weshalb nun eine besonders angespannte Atmosphäre herrscht. Die Insassen stehen unter strengster Aufsicht. Es herrscht null Toleranz. Offensichtlich hat es zwischen Mexikanern und Schwarzen Verteilungs- und Territorialkämpfe gegeben. Macht und Kontrolle sind das A und O im Gefängnis. Jede Bevölkerungsgruppe sichert sich im Gefängnis ihr eigenes Terrain und Aktionsfeld. Es ist wie in einer richtigen Großstadt draußen im wirklichen Leben.
Selbst hinter Gittern kommen die Insassen nicht miteinander klar. Was läuft hier bloß falsch? Gegenüber der Kirche steht ein Gebäude, das die Bezeichnung »Adjustment Center« trägt. Hier sind die Gefangenen untergebracht, die sich in den normalen Gefängnisbetrieb nicht integrieren lassen, weil sie zu bösartig oder gewalttätig sind. In diesem Gebäude wird eine harte und unnachgiebige Philo-

sophie praktiziert, nicht unähnlich der Art und Weise, wie man wilde Pferde zähmt – man bricht ihren Willen und reitet sie so hart zu, bis sie irgendwann einknicken. Und das passiert traurigerweise irgendwann bei allen. Es ist nur eine Frage der Zeit.

Nachdem ich meine Anwesenheitsliste eingesammelt habe, gehe ich die Treppe hinunter zu Raum C und warte darauf, dass meine Schüler auftauchen. Um halb sieben erscheinen drei weiße Häftlinge. Sämtliche Insassen anderer Hautfarbe sind im Einschluss. Mir fällt auf, dass keiner meiner Schüler noch ein intaktes Gebiss hat. Dafür haben sie jede Menge Tätowierungen. Zwei von ihnen sehen richtig fies und finster aus. Alle haben bräunlich-gelb verfärbte Finger vom Rauchen.

Die Songs, die heute auf dem Programm stehen, sind »My Girl«, »Jumpin' Jack Flash« und »Feelin' All Right« – also ein Song für jeden Teilnehmer. Sie sitzen auf ihren Stühlen und geben sich alle Mühe, mit den Songs zurechtzukommen. Obwohl sie den Rest ihres Lebens hinter Gittern verbringen müssen, sind sie ganz wild darauf, ein Instrument spielen zu lernen. Einer der Häftlinge schaut immer wieder aus dem Fenster, lacht in sich hinein und macht kryptische Bemerkungen wie: »Da schleicht er sich an, er legt den Köder aus und zack, hat er den Frischling am Wickel!«

Ich lege meine Gitarre zur Seite und gehe zum Fenster rüber, um zu sehen, was sich da draußen wohl abspielen mag. Ich sehe zwei alte Knastbrüder, die einen jungen mexikanischen Häftling in einer Ecke des Hofs abknutschen. Beide befummeln ihn und lachen dabei. Ich sehe das Gesicht des jungen Mexikaners, aus dem die jugendliche Würde schon fast verschwunden ist, und mir wird klar, dass der Rest davon sich heute Nacht ganz verflüchtigen wird. Ich kann nicht weiter hinsehen. Ich will nur nach Hause. Allerdings bekommen die beiden anderen Insassen im Raum Mitleid mit mir, denn einer von ihnen sagt: »Buzzy, Sie sehen so bleich aus. Ist mit Ihnen alles in Ordnung?«

Der Häftling, der bisher am Fenster stand, geht wieder an seinen Platz. Dabei schaut er mich an und sagt: »Nur damit Sie's wissen, Frischlinge können im Gefängnis zwischen drei Möglichkeiten wählen: Sie lassen sich auf Sex mit anderen Insassen ein oder sie werden Mitglied einer Gang. Das wird man, indem man einen anderen Häftling umbringt, was aber gleichzeitig bedeutet, dass man hier nie wieder rauskommt. Und die dritte Möglichkeit ist: Sie bringen sich selbst um. Die meisten der Neuankömmlinge entscheiden sich für Sex. So läuft das nun mal, wenn man Frischling ist. Im Knast wird alles ein wenig leichter, wenn man Ärger mit Leuten vermeidet.«

Nach dem Ende des Unterrichts packe ich fast wortlos meine Gitarre ein. Was soll ich auch sagen? Auf der Heimfahrt taucht vor meinem inneren Auge immer wieder das Gesicht des jungen Häftlings auf, ein Bild, das ich wohl nie vergessen werde. Ebenso wenig wie den schmerzhaften Stich in meinem Inneren beim Anblick seines Gesichts, während sich die beiden alten Säcke daranmachten, ihn zu vergewaltigen. Diese Geschichte muss ich bei nächster Gelegenheit den harten Typen im Jugendgefängnis erzählen.

5. Oktober 1999

Am meisten Mühe beim Unterricht in San Quentin bereitet mir der Umstand, dass ich mir alles, was ich sage, vorher genau überlegen muss. Und immer daran zu denken, niemals Witze über das Gefängnis zu machen oder den Insassen Witze zu erzählen. Und niemals zu viele Fragen zu stellen. Und die wichtigste Regel von allen: Niemals »was?« fragen. Jedenfalls nicht im Gespräch mit Häftlingen. Das Wort »was« bringt mich immer wieder in die Bredouille. Damit macht man eine Dose auf, die man besser zu gelassen hätte. Wenn man einem Häftling eine Frage stellt, kann es sein, dass man die Antwort eigentlich lieber nicht gehört hätte.

Die letzten fünf Wochen ist der Unterricht ausgefallen, weil mehrfach Einschluss verhängt worden war. Meine Chefin hat mir gestern eröffnet, dass mein nächster Kurs wieder im H-Unit stattfinden soll. Ich bin nicht gerade begeistert von der Aussicht, wieder in diesem Irrenhaus antreten zu dürfen, aber ich werde es noch einmal versuchen. Schlimmer als beim letzten Mal kann es doch wohl nicht werden.

Als ich beim Osttor vorfahre, erklärt mir einer der Wachbeamten, dass ich meinen Wagen am Seitenstreifen parken

soll, weil es eine Verzögerung von 30 Minuten gibt. Er fügt hinzu: »Einige Häftlinge werden vom Wachpersonal zu dem Gefängnisbus auf dem Personalparkplatz gebracht. Sie werden in die Stadt transportiert.« Und deshalb stehen acht weitere Leute und ich die nächsten 30 Minuten vor dem Gefängnistor und warten darauf, dass zehn Noch-Gefangene die Personenkontrolle passieren und ihre Entlassungspapiere erhalten. Dann werden sie einer nach dem anderen in den wartenden Kleinbus gesetzt.
Die Häftlinge sind paarweise mit Handschellen aneinandergekettet, sodass sie nicht weglaufen können. Der Wachbeamte erklärt uns: »Was ihr hier seht, Leute, sind Häftlinge, die sich für das Leben in den Straßen der Bay Area bereit machen. Sie haben ihre Strafe abgesessen, sie haben für ihre Verbrechen bezahlt und werden jetzt wieder in die Freiheit entlassen. Das Gefängnis drückt ihnen ein paar Dollar in die Hand, gibt ihnen Straßenklamotten und fährt sie runter in die Innenstadt, wo sie an irgendeiner Bushaltestelle abgesetzt werden. Es vergehen ein paar Monate – manchmal aber auch nur Wochen –, und schon werden sie wieder nach San Quentin eingeliefert. So, als ob sie nur einen kurzen Urlaub gehabt hätten. Ein bisschen auf die Kacke hauen, nur so als Abwechslung vom Knast.«
Als ich dann endlich doch eingelassen werde, gehe ich zuerst zum Max Shack und lasse mir die Teilnehmerliste geben. Ich begrüße die beiden Wachbeamten und sage ihnen, wie froh ich bin, in San Quentin wieder einen Kurs abzu-

halten. Dann gehe ich zum Kurszimmer und lasse etwas lüften.
Als ich gerade dabei bin, die Teilnehmerliste abzuarbeiten, kommt eine kräftige schwarze Wachbeamtin vorbei. Sie geht die Treppe ein paar Stufen hoch, schaut erst die Häftlinge, dann mich an und brüllt: »Jeder, der nicht auf der Teilnehmerliste steht, raus aus dem Gebäude, und zwar sofort!«
Augenblicklich erheben sich zwei der Insassen, gehen an ihr vorbei die Stufen hinunter und dann zur Tür hinaus. Die Beamtin bleibt, wo sie ist, schaut zwei Minuten lang schweigend in die Runde und verschwindet ohne ein weiteres Wort. Mitzuerleben, wie sie da stand und Befehle brüllte und die Insassen aufsprangen und schleunigst den Raum verließen – das war schon beängstigend. Das ist wahre Macht!
Es bleiben sechs Häftlinge übrig. Die Songs heute Abend sind »Heartbreak Hotel« und »The Monster Mash«. Alle sind mit großem Eifer dabei, und als der Unterricht zu Ende geht, kann jeder beide Songs spielen und singen. Als wir gerade Schluss machen wollen, ertönen die Alarmsirenen. Wachbeamte rennen draußen vor der Tür vorbei und schreien etwas von Bandenschlägerei. Als ich zur Tür hinausschaue, sehe ich Häftlinge, die im Schneidersitz auf dem Boden kauern. Einer meiner Schüler meint: »Hören Sie, Buzzy, machen wir einfach weiter mit dem Unterricht. Wir müssen sowieso hier drinbleiben. Hier darf keiner raus, bevor der ganze Scheiß vorbei ist. Machen Sie sich

keine Sorgen, Boss. So was gehört zum Knastalltag. Ist nichts Besonderes.«

Und in der Tat ist der ganze Spuk nach fünf Minuten schlagartig vorbei. Ein Wachbeamter kommt zum Ausbildungsraum und sagt: »Okay, Abmarsch. Zeit ins Bett zu gehen. Der Unterricht ist zu Ende.«

Ich springe von meinem Stuhl auf, packe meine Gitarre ein und bin zwei Minuten später fertig. Auf dem Weg nach draußen schaue ich zufällig nach oben und mein Blick fällt auf die Wachbeamten auf dem Schießgang. Sie sind alle mit Gewehren bewaffnet und sehen fast noch fieser aus als die Insassen. So ein Gefängnis hat schon etwas arg Bedrückendes. Ich bin wieder mal heilfroh, dass ich in meine eigene kleine Welt mit einer liebenden Familie und einem eigenen Bett zurückkehren kann.

Einige von den harten Jungs aus dem Jugendknast denken, dass ich ihnen von San Quentin nur Quatsch erzähle. Diese jungen Typen, die sich schon als oberhartgesottene Gefängnisinsassen sehen, bedaure ich sehr. Sobald sie einmal hinter dessen Mauern gelandet sein werden, wird das Lächeln auf ihren Gesichtern schon bald für immer verschwunden sein.

Wieder im H-Unit:
Sag niemals nie

7. Dezember 1999

Es ist neun Wochen her, seit ich zum letzten Mal in San Quentin war. Es gab zahlreiche Kämpfe zwischen Gangs verschiedener Rassen und dadurch bedingt häufige Einschlüsse. Heute beginne ich im H-Unit einen neuen Kurs. Man sollte doch niemals »nie« sagen. Die Eingangskontrolle an der Hauptpforte geht heute schnell vonstatten. An der Schleuse zum H-Unit dauert es dagegen wesentlich länger. Ich muss eine halbe Ewigkeit warten, bis ich endlich grünes Licht erhalte und reingehen kann. Ich erfahre von dem Wachbeamten, der mich eskortiert, dass sich im H-Unit nichts verändert hat. Die Durchgeknallten heulen immer noch den Mond an und meckern über alles und jedes. Kaum, dass wir auf dem Hof sind, kommen auch schon die ersten Anmachen: »Hey, Rockstar!« – »Hey, John, wo ist denn Paul?« – »Hallo, Hübscher, hast du auch ein paar Motown-Nummern drauf?«

Ich hake die Teilnehmerliste ab und stelle fest, dass ich sechs Schüler habe. Auf dem Programm stehen: »Santa Claus Is Coming to Town« und »Rockin' Around the Christmas Tree«. Nach etwa einer Stunde erzählt einer der Kursteilnehmer eine Geschichte aus seiner Kindheit. Er sagt, dass er als kleiner Junge schon einmal versucht hat, Gitarre spielen zu lernen. Um zu üben, musste er sich immer in einem Wandschrank verstecken, weil sein versoffener Vater ihn sonst gehört und mit der Gitarre verprügelt

hätte. Sein Vater hasste Musik und wenn er trank, rastete er richtig aus. Irgendwie löste die Musik in seinem Kopf etwas aus, wodurch er völlig durchdrehte. Er berichtet weiter, dass sein Vater vor ein paar Jahren gestorben sei und er sich an seinem Sterbebett nicht von ihm hatte verabschieden können, weil er hier eingesperrt war. Doch in 60 Tagen würde er entlassen. Und dieses Mal dürfe er es nicht wieder vermasseln, weil er schon zweimal eingesessen habe und ihm beim nächsten Mal lebenslänglich drohe.
Insgesamt ein ruhiger Abend. Weihnachten im H-Unit. Ich kann es kaum erwarten.

21. Dezember 1999

Wieder sind ein paar Termine wegen zahlreicher Einschlüsse ausgefallen. In der letzten Zeit kam es immer wieder zu Auseinandersetzungen unter den Häftlingen. Als ich durch die Einfahrt vom Osttor fahre, verflüchtigt sich meine Weihnachtsstimmung sofort. Weihnachen im Gefängnis zu feiern muss hart sein – für die Insassen wie für ihre Familien. Der Wachbeamte von der Nachtschicht erzählt mir, dass die Gefängnisleitung in der Weihnachtszeit den Kindern der Insassen etwas mehr Kontakt zu ihren Vätern gestattet. Normalerweise haben die Insassen des H-Unit nur sehr beschränkten Kontakt zu ihren Kindern, doch denen zuliebe macht man an Weihnachten eine Ausnahme.
Während ich auf meine Einlassgenehmigung warte, sehe

ich eine lange Schlange, in der die Mütter und Kinder einiger Insassen des H-Unit anstehen – teilweise mit Tränen in den Augen. Alles nur, damit ihre Kinder mit ihren Vätern spielen, sie knuddeln und ihnen einen Kuss geben können – wenn auch nur für ein paar Minuten. Es tut mir weh, dass die Kinder ihre Väter unter solchen Umständen sehen müssen. Es ist eine hässliche Umgebung, die eine üble Atmosphäre verströmt. Die Wahrscheinlichkeit, dass einige dieser Kinder ebenfalls irgendwann hier landen, ist ziemlich hoch. Der Wachbeamte im H-Unit erzählt mir, dass das Personal einen kleinen Weihnachtsbaum, Plätzchen und Punsch bereitgestellt hat, damit es ein bisschen weihnachtlicher aussieht.

Als ich zum Hauptwachposten komme, hängt über dem Schalterfenster des Captains ein Schild mit der Aufschrift: »Ich kann es nur einer Person pro Tag recht machen. Heute ist nicht dein Tag und für morgen sieht es auch schlecht aus.« Fröhliche Weihnachten!

Meine Eskorte erscheint und wir gehen rüber zum Unterrichtsraum, wo mich bereits zwölf Häftlinge erwarten, die alle ganz versessen darauf sind, Weihnachtslieder zu singen. Einen so großen Kurs habe ich selten geleitet. Es sind fast schon zu viele Teilnehmer für einen einzelnen Lehrer, aber was soll's? Es ist Weihnachten. Was kann schon passieren? Wir sind ja nur im Gefängnis.

Also spielen und singen wir die nächsten zwei Stunden alle möglichen Weihnachtslieder, von »White Christmas« bis »Santa Claus Is Coming to Town«.

Bis irgendwann ein hochgewachsener schwarzer Insasse sich meldet und fragt, ob er einen Song allein singen darf.
»Sicher«, sage ich. »Welchen?«
»Boss, ich möchte was für meine Seele tun, und deswegen würde ich für die ganze Klasse gern ›Silent Night‹ singen. Würden Sie mir das erlauben?«
Mir steigen die Tränen in die Augen, und ich sage: »Mein Freund, du würdest mir eine große Freude damit machen, uns ›Silent Night‹ vorzusingen. Nur zu.«
Er steht auf und singt »Silent Night«. Wir sind alle gerührt. Es ist, als nähme man an einer Andacht in einer Baptistenkirche irgendwo im Süden teil. Seine Stimme klingt wie Gold in meinen Ohren. Als er fertig ist, erheben sich alle Insassen von ihren Plätzen, klatschen in die Hände und wünschen sich frohe Weihnachten.
Während die Kursteilnehmer ihre Gitarren einpacken, legt jemand hinter meinem Rücken eine schwarze Socke auf den Tisch.
Einer von ihnen fragt mich: »Buzzy, wissen Sie, was das ist?«
Ich werfe einen kurzen Blick auf die Socke, drehe mich wieder zu ihm um und sage: »Das ist eine Socke. Na und?«
Daraufhin grinst ein weiterer Häftling mich an und sagt: »Nein, Boss, das ist eine Wichstüte. So was benutzen alle Häftlinge. Zum Reinwichsen.«
Alle Häftlinge lachen und klatschen sich ab. Die Insassen vom H-Unit versuchen immer wieder, mich zu irritieren, einfach so, um mich auf die Probe zu stellen. Manchmal

komme ich mir vor wie ein Spielzeug. Ein kleines, menschliches Spielzeug.
Später im Auto singe ich laut Weihnachtslieder und denke hin und wieder an diese bescheuerte Socke und daran, wie sehr sich diese Typen aus dem H-Unit über meinen dämlichen Gesichtsausdruck amüsiert haben. Ich muss in Zukunft besser aufpassen und nicht mehr auf diese blöden Scherze hereinfallen. Fröhliche Weihnachten, Buzzy.

28. Dezember 1999

Dieses letzte Jahr mit den Kursen in San Quentin war schon sehr seltsam für mich. Inzwischen kommen immer häufiger Insassen auf mich zu und bitten mich, auch an dem Kurs teilnehmen zu dürfen. Und ich werde häufig gefragt, ob ich der Typ bin, von dem alle reden.
»Sind Sie der berühmte Typ, den alle den ›Guitar Man‹ nennen?«
Die Gitarrenkurse haben sich anscheinend herumgesprochen und damit auch, wer sie gibt. Ich weiß immer noch nicht, ob ich das gut oder schlecht finde.
Ich habe die Genehmigung erhalten, nächste Woche Billy, meinen Drummer, mitzubringen. Wir werden zusammen mit einigen ehemaligen Kursteilnehmern ein kurzes Konzert für die Insassen des H-Unit geben.
Ich hoffe, Billy flippt nicht aus, wenn er sich im H-Unit wiederfindet. Er ist – abgesehen von den anderen aus mei-

ner Band – einer der ganz wenigen Musiker, der nicht nur bereit ist, San Quentin überhaupt zu betreten, sondern hier auch noch aufzutreten. Etliche meiner Freunde halten mich für verrückt, weil ich im Gefängnis Musikunterricht gebe. Ich erkläre dann immer, dass ich gerne von dem, was mir gegeben wurde, etwas an andere weitergebe und dass das ein gutes Gefühl ist. Und dass es mir einen Kick gibt, im Gefängnis zu arbeiten. Von mir aus können sie mich ruhig für verrückt erklären.

Mein Weihnachtsgeschenk für die Häftlinge sollte eine Scheibe Orange von dem Baum vor meinem Haus sein. Doch schon beim ersten Kontrollpunkt erklärt mir ein Beamter, dass den Häftlingen keine Nahrungsmittel mitgebracht werden dürfen.

Dann fügt er hinzu: »Sehen aber mächtig saftig aus, Ihre Orangen, mein Sohn. Kann ich eine haben und vielleicht noch eine für meine Ablösung?«

»Nehmen Sie nur. Lassen Sie es sich schmecken!«

Im H-Unit warten sechs Kursteilnehmer auf mich. Die Songs für heute sind »Old Man Down the Road« und »Runaway«. Bei einem der Teilnehmer muss ich einen neuen Satz Saiten aufziehen. Im Verlauf dessen nehme ich irgendwann eine Vierteldollarmünze aus der Tasche – ohne mir etwas dabei zu denken, sondern einfach nur, um damit einen bestimmten Teil der Gitarre festzudrücken.

Beim Anblick der Münze macht der Häftling große Augen. »Wow! Ein Quarter! So einen habe ich ja schon jahrelang nicht mehr gesehen. Kann ich ihn mal anfassen? Kann ich ihn nur einmal in die Hand nehmen und spüren, Boss? Bitte!« Er schaut mich mit riesigen Kinderaugen an. Mir fehlen die Worte.

Also lasse ich ihn den Quarter für den Rest des Unterrichts in der Hand halten, sobald ich mit seiner Gitarre fertig bin. Und so sitzt er den Rest des Abends lächelnd auf seinem Stuhl, wiegt sich beim Singen vor und zurück, den Quarter immer in seiner Hand. Im weiteren Verlauf des Abends melden sich noch weitere Häftlinge zu Wort und rücken mit Geschichten aus ihrem Leben im Gefängnis heraus.

Einer berichtet, dass er insgesamt 14 Jahre seines Lebens im Knast verbracht hat. In San Quentin ist er seit seinem 19. Lebensjahr. Seine Miene hellt sich auf, als er mir erzählt, dass sein Bruder ebenfalls in San Quentin einsitzt. »Hey, Buzzy, wie viele Brüder gibt's wohl sonst noch, die beide im gleichen Knast einsitzen? Ist doch ziemlich cool, oder?«

Was soll man darauf sagen?

Bevor der Kurs für heute zu Ende geht, finde ich heraus, dass ich der Älteste von den Anwesenden bin. Meine Schüler sind zwischen 21 und 36. Da bin ich mit meinen mindestens acht Jahren mehr glatt der Opa.

Als ich das H-Unit heute Abend verlasse, erzählt mir einer der Wachbeamten, dass er gerade erst versetzt worden ist und dass er bis gestern noch in einem Gefängnis namens Pelican Bay Dienst hatte, weiter oben im Norden. Er sagt: »Mein Sohn, die Arschlöcher da oben in Pelican Bay sind harte Typen. Üble Bazillen. Da kriegt man das kalte Grausen. Jedenfalls ging es mir so. Die sind wie ein Haufen durchgeknallter Piraten. Da ist die Scheiße jeden Tag am Kochen. Verglichen mit denen sind die Typen hier in San Quentin die reinsten Schwuchteln. In Pelican Bay würden die kein Land sehen.« Er lächelt mich an. »Kommen Sie gut nach Hause. Bis zum nächsten Mal.«

Billy, der Schlagzeuger

30. Dezember 1999

Mein guter Freund Billy und ich kommen heute nach San Quentin, um zusammen mit einigen meiner ehemaligen Schüler aufzutreten, wie bereits erwähnt. Die Gefängnisleitung hat genehmigt, dass ein paar der Insassen aus dem H-Unit ein Konzert für ihre Mithäftlinge veranstalten. Schon bei der Einlasskontrolle macht Billy ein Gesicht, das keinen Zweifel daran lässt, wie sehr ihm das H-Unit schon jetzt an die Nieren geht. Während man uns zum Büro des diensthabenden Captains eskortiert, beugt sich Billy zu mir rüber und flüstert mir ins Ohr: »Buzzy, in was für einem Irrenhaus sind wir denn hier gelandet? Hier stinkt's an allen Ecken und Enden nach Ärger. So was hab ich noch nie erlebt. Wann können wir hier wieder weg?«

Wenn man das H-Unit zum ersten Mal betritt, kann einem das schon an die Nieren gehen, wie ich aus eigener Erfahrung weiß. Ich antworte flüsternd: »Die nächsten zweieinhalb Stunden sitzen wir hier fest. Warum? Hast du eine Verabredung?«

Sein Gesicht ist kreidebleich. Er sagt: »Heilige Scheiße, nein. Aber das hier ist doch echt der Horror, oder?«

Eine Wachbeamtin, die hinter einem großen Schreibtisch sitzt, fragt uns, ob wir eine kleine Besichtigungstour durch das H-Unit machen wollen.

»Klar«, sage ich. »Warum nicht.« Irgendwie ist mir nach Abenteuer zumute.

Die Beamtin schaut zu Billy. »Und wie ist es mit Ihnen, Cowboy? Bereit für einen Ritt über die Ponderosa?«
Billy sagt kein Wort, sondern nickt nur mit dem Kopf. Ich frage mich, ob er den Abend wohl gut überstehen wird.
Die Beamtin erklärt uns, dass es im H-Unit vier Zellentrakte gibt. In jedem dieser Trakte sind 200 Häftlinge untergebracht. Es gibt hier die gleichen Probleme wie draußen: Drogen, Vergewaltigungen, Rassenvorurteile, Bandenunwesen und Alkohol. All das ist auch im Gefängnis zu finden. Im Wartezimmer für Familienangehörige sitzen drei Frauen, die auf eine Besuchserlaubnis warten. Die Beamtin, die uns herumführt, erzählt uns, dass Freundinnen oder Frauen von Insassen immer versuchen, in den Kleidern ihrer Babys versteckt Drogen in den Knast zu schmuggeln. Jemanden zu lieben, der im Gefängnis einsitzt, muss hart sein. Der Kummer in den Gesichtern dieser Frauen im Wartezimmer ist unübersehbar.
Während wir durch die Zellenblocks marschieren, ziehen die Insassen Grimassen. Manche hauchen uns auch Luftküsse zu und rufen lauthals: »ZZ Top! Rock 'n' Roll forever!«
Die Wachbeamtin erzählt uns, dass es für jeweils 200 Häftlinge ein Fernsehgerät gibt. Nicht mein Ding. Sie fragt uns, ob wir auch den Trakt mit den Aidskranken besichtigen wollen. Wir lehnen dankend ab. Vielleicht nächstes Mal.
»Danke für das Angebot. Aber vielleicht sollten wir uns auf den Weg zum Speisesaal machen«, sage ich. »Wir müssen bald dort auftreten. Können Sie uns hinbringen?«

Also geleitet sie uns zum Speisesaal. Dort angekommen, wünscht sie uns viel Spaß und brüllt dann in die Runde: »Das hier sind Musiker. Die sollen hier noch auftreten. Also lasst sie an einem Stück und baut keinen Scheiß!«
Als Billy und ich den Speisesaal des H-Unit betreten, warten dort mehr als 700 Gefangene. Manche stehen herum und unterhalten sich. Andere sind draußen und rauchen, während sie darauf warten, dass die Musik anfängt. Als es dann endlich losgeht, fangen sie an zu tanzen und lauthals alle Lieder mitzusingen, die sie kennen. Einige von ihnen sehen aus wie Frauen, andere wirken wie Biker. Ein wahrlich merkwürdiger Anblick.
Die Mitglieder der ersten Band, die auftritt, sind Teilnehmer meines ersten Kurses im H-Unit. Sie spielen sechs Songs, und die klingen richtig gut. Als Nächstes ist ein Folk-Duo dran. Beide spielen Gitarre und singen. Ihr Repertoire besteht aus Songs wie »This Land Is Your Land« und ähnlichen Titeln. Beim Anblick der Typen der Blues-Band, die danach an der Reihe ist, kann einem angst und bange werden. Sie spielen zwei Rolling-Stones-Songs und noch ein paar andere Nummern. Billy und ich finden, dass sie mächtig abrocken.
Dann sind wir dran. Als ich meine Gitarre einstöpsele, höre ich schon die ersten Rufe nach »Free Bird«, untermalt von rhythmischem Stampfen mit den Füßen. Nach und nach kommen meine Schüler auf die Bühne und machen sich bereit. Billy setzt sich ans Schlagzeug und wir legen los mit »Rock this Town«, »I Fought the Law«,

»Secret Agent Man«, »Tush« und natürlich »Free Bird«. Der Speisesaal rockt.

Ich schaue zu Billy rüber und sehe, wie er in die Richtung von einigen Häftlingen blickt, die Händchen halten und sich küssen, während wir »My Girl« von den Temptations spielen. Ein paarmal habe ich die Befürchtung, dass er gleich umkippt, aber er lässt sich nicht beirren und liefert eine saubere Vorstellung. Überhaupt läuft alles glänzend. Die Insassen fahren auf uns ab, es gibt keine Schlägereien, niemand wird verletzt. Trotzdem bin ich ziemlich sicher, dass Billy für die nächste Zeit erst einmal genug hat von San Quentin.

Als wir nach dem Auftritt zum Ausgang des H-Unit geleitet werden, kommt einer der Sträflinge auf uns zu und sagt: »Wenn ich nächstes Jahr hier rauskomme, können wir uns dann mal treffen und vielleicht eine Band gründen? Was meinen Sie, Boss?« Ich gehe einfach weiter und tue so, als hätte ich ihn nicht gehört.

Auf der Heimfahrt sagt Billy immer wieder: »Ich kann es kaum erwarten, nach Hause zu kommen und meine Frau und meine Kinder in die Arme zu nehmen. Bitte mich nie wieder, in diesen Affenstall mitzukommen. Du weißt, dass ich dich gern hab, Buzzy, aber dieses Irrenhaus ist mir eine Nummer zu heftig.«

4. Januar 2000

In der letzten Zeit wurden in San Quentin jede Menge Einschlüsse verhängt, weshalb ich immer nur wenige Schüler in meinen Kursen hatte. Wie es scheint, hassen und respektieren sich sämtliche Insassen gleichzeitig. Die Weißen hassen die Mexikaner. Die Schwarzen hassen die Weißen und die Mexikaner hassen die Koreaner.

Auf meinem Weg zum H-Unit erzählt mir meine Eskorte, dass die Weißen in San Quentin »Woods« genannt werden – *Holzköpfe.* »Quiet« ist eine Zelle, die mit Schaumstoff ausgepolstert ist und dazu dient, lärmende, randalierende Insassen zu disziplinieren. Als »Galerie« wird der Schießgang auf der Gefängnismauer am Eingang bezeichnet, und »Pruno« ist ein primitiver Wein, der sich im Gefängnis leicht herstellen lässt. Im Grunde genommen lässt sich aus allen Früchten Alkohol herstellen, hier werden allerdings meist Äpfel und Orangen verwendet. Der Wachbeamte sagt, dass im H-Unit in letzter Zeit häufig deshalb Einschlüsse verhängt wurden, weil mittlerweile viele junge Gang-Mitglieder hier landen.

Mein Kurs hat heute drei Teilnehmer – alles Schwarze. Es ist ein ruhiger Abend. Auf dem Programm stehen »Pink Houses« und »Pretty Woman«. Nach etwa einer Stunde fragt mich einer der Teilnehmer, ob ich den Unterschied zwischen *Knacki* und *Insasse* weiß.

»Nein, keine Ahnung.«

Er lächelt und sagt: »Boss, Insassen sind neu hier drin. Junges Gemüse. Die haben's draußen ein bisschen zu heftig getrieben, sind vielleicht einmal zu oft in einem Kreisgefängnis Kaliforniens gelandet. Knastbrüder, also Knackis, sind alte Säcke, die schon eine halbe Ewigkeit hier sind. Die meisten von uns haben echt harte Dinger abgezogen und sind deshalb zu langen Haftstrafen verdonnert worden. Es dreht sich alles nur um die Jahre, die man hier abzusitzen hat.«

Ein anderer Häftling sagt: »Manche von den Insassen wollen gar nicht mehr raus aus dem Knast. Manche wiederum geben sich alle Mühe, um hier zu landen. Vor allem im H-Unit gibt es einige von der Sorte.« Er erzählt weiter, dass eine Menge Häftlinge Väter, Brüder oder Onkel und Freunde haben, die ebenfalls ihr Leben lang zwischen Knast und Freiheit hin- und hergependelt sind. Ein Teufelskreis, der sich kaum durchbrechen lässt, egal, wie sehr jemand das versucht.

Er sagt: »Mir zum Beispiel gefällt der Gitarrenkurs so gut, dass ich am liebsten noch ein bisschen länger in San Quentin bleiben würde. Auf der Straße zu leben, wenn es kalt ist, wenn man Hunger hat und friert, das ist doch echt beschissen. In einem Obdachlosenasyl zu übernachten, ist auch nicht ganz mein Ding. Entlassen zu werden, ist nicht unbedingt eine gute Sache. Manche Insassen schätzen es, eingesperrt zu sein und gesagt zu bekommen, was sie zu tun haben. Ihr Leben wird dadurch einfacher. Wobei man sagen muss, dass das Essen hier drin einfach beschissen ist.

Jede Menge Reis mit roter Soße. Das ist für gewöhnlich das Abendessen. Wir nennen es ›Knastpampe‹. Andererseits braucht man aber auch nicht um sein Essen zu betteln. Die Betten im Gefängnis sind schön warm und all meine Freunde sind hier in San Quentin. Ich glaube, ich würde mir draußen auf die Dauer richtig verloren vorkommen. Deswegen werden viele Häftlinge nach ihrer Entlassung wieder straffällig, damit der Richter sie wieder hierher zurückschickt. Für einige von uns ist das, wie wieder nach Hause zu kommen. Wir sind so lange hier drin eingesperrt, dass wir uns an das Leben hinter Gittern gewöhnt haben.«
Nun sagt einer der beiden anderen: »Okay, Mädels, ich muss jetzt auch mal kurz was loswerden. Ich war letzte Woche total schlecht drauf und bin deswegen ein paar Tage lang nicht zu meinem Knastjob gegangen. Ich war einfach zu fertig wegen der Vorstellung, dass ich für den Rest meines Lebens hier eingesperrt sein soll. Und was passiert? Jetzt bin ich auch noch meinen Job los. Die haben mich einfach gefeuert. Arbeitslosengeld gibt es natürlich nicht. Das Leben in diesem Laden ist eine ziemlich beschissene Angelegenheit.«
Als der Unterricht zu Ende ist, bedanke ich mich zum Abschied bei den drei Teilnehmern. Während mich meine Eskorte zum Ausgang bringt, erzähle ich dem Wachbeamten, dass der Kurs heute Abend so gemütlich verlaufen ist.
Auf dem Heimweg muss ich an einen Vorfall im Jugendgefängnis denken, der mich letzte Woche ziemlich berührt hat. Ich hatte den Jugendlichen mal wieder Geschichten

aus San Quentin erzählt, als hinterher ein etwa 14 Jahre altes Mädchen zu mir kam und im Flüsterton zu mir sagte: »Buzzy, falls Sie meinen Vater in San Quentin sehen, sagen Sie ihm bitte, dass ich ihn lieb habe, egal, was er gemacht hat.«

Ich brachte es nicht übers Herz, ihr zu sagen, dass ich ihren Vater gar nicht kenne oder weiß, wo er untergebracht ist. Sie erzählte mir später, dass er sich an ihr und ihrer Schwester vergangen hat und deshalb verurteilt wurde. Doch mittlerweile hat sie ihm all die schlimmen Sachen verziehen, die er ihr und ihrer Schwester angetan hat, als sie noch klein waren.

Die Geschichten, die ich sowohl von den Insassen in San Quentin als auch von den Kids im Jugendgefängnis zu hören bekomme, machen mich manchmal total fertig. Einfach schrecklich, was in diesen Leben alles schiefgelaufen ist. Und trotzdem sind diese Kids in der Lage, ihren Vätern zu vergeben. Wow! Es ist wirklich bewegend, an Orten wie diesen Musikunterricht zu geben. Und immer wieder hoffe ich, dass die Musik im Leben meiner Schüler auch etwas bewirkt.

Doppelschicht: Musikunterricht auf der Ranch und im H-Unit

11. Januar 2000

Von dieser Woche an werde ich zwei Kurse in San Quentin abhalten – dienstagabends Gitarrenunterricht auf der Ranch und mittwochs im H-Unit, wo ich eine Band zusammenstellen werde. Beide Kurse sollen acht Wochen dauern.

Die Ranch ist so etwas wie ein Käfig für Häftlinge, die im Verlauf des nächsten Jahres entlassen werden. Darunter sind selten Gewaltverbrecher, die meisten sitzen wegen Delikten wie Alkohol am Steuer, säumiger Unterhaltszahlungen, Ladendiebstahl oder Scheckbetrug ein. Man könnte es als eine Art entspanntes Straflager für Eierdiebe bezeichnen. Auf der Ranch gibt es keine Zellen und keine Gitterstäbe. Es ist fast so was wie eine Ferienkolonie innerhalb der Strafanstalt. Hier geht es um Längen entspannter zu als im H-Unit, das kann ich Ihnen versichern.

Auf der Ranch gibt es überall gelbe Markierungslinien, die von den Insassen niemals überschritten werden dürfen. Ausgenommen von dieser Regelung ist das Wachpersonal. Und die Lehrer. Irgendwer hat mir erzählt, dass es auf der Ranch eigentlich nur eine ungeschriebene Regel gibt, die da lautet: Komm klar mit deinen Mitinsassen, sonst ist es mit dem angenehmen Leben im null Komma nichts vorbei.

Bei meiner heutigen Ankunft auf der Ranch ist gerade ein Baseballspiel im Gange. Manche der Häftlinge schlendern um das Spielfeld herum und unterhalten sich oder liefern sich lautstarke Wortgefechte mit den Insassen des H-Unit auf der anderen Straßenseite.

Der diensthabende Beamte der Spätschicht begrüßt mich am Eingang und begleitet mich zum Büro, um mir den Papierkram in die Hand zu drücken. Nachdem ich mich in die Besucherliste eingetragen habe, zeigt man mir den Unterrichtsraum. Sechs Häftlinge warten schon auf mich – vier Weiße, ein Afroamerikaner und ein kleiner Mexikaner ohne Zähne, dafür aber mit jeder Menge Tätowierungen. Sie sind alle ganz begierig darauf zu lernen, wie man Musik macht. Also verbringe ich die nächsten zweieinhalb Stunden damit, ihnen die Songs »Mustang Sally« und »I Got You (I Feel Good)« beizubringen. Als der Unterricht zu Ende geht, schlagen die Emotionen im Raum hohe Wellen – alle singen gemeinsam »I feel good. So good, so good. I got you!« Bruder James Brown wäre bestimmt stolz, wenn er hören könnte, wie die Insassen hier hinter Gittern »I feel good« schmettern.

Nach dem Unterricht bedanken sich die Teilnehmer einzeln dafür, dass ich mir die Mühe mache, zu ihnen ins Gefängnis zu kommen und sie zu unterrichten. Sie schütteln mir die Hand oder klatschen mich ab und ich verabschiede mich bis zum nächsten Dienstag. Und frage mich, wie es wohl morgen im H-Unit werden wird, denn verglichen damit ist der Unterricht hier auf der Ranch ein Kinderspiel.

Während der Fahrt nach Hause muss ich darüber nachdenken, wie schlimm es sein muss, wenn einem permanent

Wachpersonal über die Schulter schaut oder Mithäftlinge einem mit Psychospielchen das Leben zur Hölle machen.

12. Januar 2000

Es sind kaum 24 Stunden vergangen, seit ich auf der Ranch war, und schon bin ich wieder hier, nur dass es diesmal ins H-Unit geht. Heute Abend soll ich eine Gefängnisband zusammenstellen.

Bei der Anmeldung erklärt mir der diensthabende Beamte, dass der Unterricht im Besucherraum stattfinden wird. Auf dem Laufzettel stehen zwar neun Namen, doch nur sechs Häftlinge erscheinen. Das erleichtert mir die Arbeit, den einzelnen Schülern zu erklären, was sie bei den jeweiligen Songs zu tun haben. Zu meiner Überraschung finde ich eine komplette Bandausrüstung vor – bestehend aus drei Gitarrenverstärkern, einem Schlagzeug und einer kompletten PA [Beschallungsanlage] samt Mikrofonen – also alles, was man für eine Band braucht. Wie sich herausstellt, hatte das Wachpersonal extra für heute Abend die Sachen von einigen der Häftlinge im North Block abholen lassen.

Während der nächsten acht Wochen werde ich mich darum bemühen, mit diesen Insassen eine Band zusammenzustellen und ihnen ein paar Songs beizubringen. Ich brauche etwa 20 Minuten, bis ich alles verkabelt und aufgebaut habe, während die Häftlinge nicht mal eine Minute benöti-

gen, um sich die Instrumente zu schnappen und mit voller Kraft loszulegen. Zwei von ihnen können schon recht gut Gitarre spielen und brettern das Riff von »Smoke on the Water« mit voll aufgedrehten Verstärkern. Der Rest der Band steht im Raum verteilt an den Gitarren und wackelt im Rhythmus mit dem Kopf. Ein Anblick für Götter.
Diese Häftlinge hier sind wie ein Kindergarten auf Speed. Am liebsten würde ich laut »Haltet die Schnauze!« brüllen, aber ich reiße mich zusammen und schlage stattdessen zweimal auf die Trommel. Und wie lauter kleine Jungs sind sie schlagartig still, schauen mich an und setzen sich hin. Nachdem sich alle ein wenig beruhigt haben, zeige ich ihnen die Songs »Suzie Q«, »Born to Be Wild« und »Stormy Monday«. Drei der Häftlinge melden sich mit der Bitte, singen zu dürfen, und so bekommt jeder von ihnen einen Song zugeteilt. Einer der Sänger in spe ist ein Schwarzer mit drei Goldzähnen, Stirnband und Sonnenbrille, sodass ich nie seine Augen sehen kann. Der nächste Sänger ist ein weißer Skinhead mit kahl rasiertem Schädel, jeder Menge Tätowierungen und diversen Zahnlücken. Seine Stimme erinnert ein wenig an Bon Scott, den ersten Sänger von AC/DC, und deshalb teile ich ihm den Song »Born to Be Wild« zu.
Der Letzte aus der Reihe der Sängerknaben ist ein Mexikaner mit einem Dauerlächeln und einem Schlupfauge, das sich präzise wie ein Metronom von links nach rechts bewegt. Er fragt, ob er »Suzie Q« singen darf. Die nächsten zweieinhalb Stunden üben wir alle drei Songs. Ohne

Pinkelpause oder sonstige Unterbrechungen. Ich achte auf ein rasches Tempo, weil sich die Häftlinge sonst ziemlich schnell langweilen.
Wir kommen gut voran und alle haben Spaß an der Sache. Als der Kurs zu Ende ist und ich wieder nach Hause fahre, brummt mir der Schädel und meine Ohren klingeln noch immer von dem ganzen Lärm. Ich nehme mir vor, zu den nächsten Terminen Ohrenstöpsel mitzubringen, damit ich mir keinen ernsthaften Gehörschaden zuziehe. Hätte mir früher mal irgendwer erzählt, dass ich eines Tages eine Knastband zusammenstellen würde, hätte ich ihn für verrückt erklärt.

4. April 2000

In den letzten Wochen gab es etliche Machtkämpfe innerhalb der Gangs im Gefängnis, sodass es ständig zu Einschlüssen kam und etliche Kurstermine ausgefallen sind. Die Wachen haben mir erklärt, dass es für jede Rasse einen Oberboss gibt. Einen bei den Schwarzen, einen bei den Weißen und einen bei den Mexikanern. Alle haben sie einen Oberboss, mit dem sich keiner der Insassen anlegen würde. Unter keinen Umständen. Wenn man im Knast klarkommen und Ärger vermeiden will, während man hinter Gittern sitzt, dann hält man sich besser an diese goldene Regel.
Auf dem Hinweg fallen mir mal wieder die Häuser in der

Umgebung von San Quentin auf. Merkwürdig wirken die hübschen altmodischen Häuser mit Hunden oder spielenden Kindern in den Vorgärten – gerade mal 300 Meter entfernt vom Gefängnis. Zwei der Straßen mit ihren Häusern aus den Fünfzigern wirken wie eine Fernsehkulisse aus einer anderen Zeit. Ich bin sicher, dass die Leute, die dort wohnen, einem etliche Geschichten darüber erzählen könnten, was sich im Verlauf der Jahre hier alles abgespielt hat.

Auf der Ranch geht es echt entspannt zu. Kaum Stress, lediglich ein Haufen Häftlinge, die herumsitzen und warten, dass die Zeit vergeht. Heute Abend stehen zwei Songs auf dem Programm: »Jailhouse Rock« und »Folsom Prison Blues«. Einer der Teilnehmer erklärt mir, dass er täglich acht Stunden Gitarre übt.

Der Kurs geht glatt und problemlos über die Bühne. Keiner nervt oder macht Ärger. Die Typen von der Ranch sind meine einfachsten Kunden, während die Kerls aus dem H-Unit jedes Mal Gänsehaut bei mir auslösen.

Auf der Heimfahrt muss ich wieder an die Kids denken, mit denen ich morgen im Jugendgefängnis zu tun haben werde. Der Großteil der Kids, mit denen ich arbeite, hegt eine geradezu heldenmäßige Verehrung für Gang-Mitglieder, die schon mal hinter Gittern saßen. Das beschert diesen einen höheren Status unter den nachrückenden Gang-Mitgliedern.

Ich bin heilfroh, dass der Kurs auf der Ranch so unkompliziert über die Bühne gegangen ist und wünschte mir, all meine Kurse würden so ablaufen.

5. April 2000

Der Kurs im H-Unit war das letzte Mal wirklich heftig und so laut, dass ich heute sowohl Ohrenstöpsel als auch meinen eigenen Verstärker mitgebracht habe, denn letztes Mal konnte ich mich selbst überhaupt nicht hören. Mit 60 Watt im Rücken sollte das diesmal kein Problem sein.
Während ich von meiner Eskorte zum H-Unit begleitet werde, schlägt mir von den Insassen sofort wieder die übliche miese Stimmung entgegen. Mir werden Anmachen wie »Wo ist Mick Jagger?« oder »Hey, großer Rockstar, kann man sich bei dir was wünschen?« zugerufen. Es ist schon schlimm, wenn mir irgendwelche hartgesottenen Knastbrüder Luftküsse zuhauchen und Schmatzgeräusche machen, doch ich könnte ausflippen, wenn mich irgendein Insasse nach meiner Familie fragt oder wo ich wohne.
Der Weg zum Klassenzimmer kann einen echt fertigmachen und ist schlimmer als der Unterricht im H-Unit selbst. Und anschließend der Weg nach draußen.
Nachdem man mir das Konferenzzimmer aufgeschlossen hat, baue ich unter den Blicken eines Wachbeamten, der die ganze Zeit über kein Wort sagt, die Anlage auf. Dann werden die Kursteilnehmer einzeln hereingelassen. Ich übe mit ihnen die Songs »Bad to the Bone« und »Hit the Road Jack«. Und ich muss sagen, es klingt nicht nur gut, sondern verdammt gut!
Die Teilnehmer meines Kurses kommen gut miteinander

klar. Nie gibt es Auseinandersetzungen oder Beschimpfungen. Noch ein Beispiel dafür, dass Musik eine zivilisatorische Wirkung ausübt, zumindest kurzzeitig. Gerade so, als böte die Musik ihnen eine Zuflucht, wo sie – wenn auch nur für eine Weile – nur sie selbst sein können, ohne von anderen Insassen belästigt zu werden. Besonders gut kommt der Song »Bad to the Bone« an. Jeder von ihnen singt einmal den ganzen Text allein, dann spielen wir das Stück, und nach dem sechsten Durchgang klingt es richtig klasse.

Schließlich erscheint der Wachbeamte, um die Tür aufzuschließen. Dabei lässt er uns wissen, dass wir für eine Bande elender Wichser gar nicht so schlecht klingen. Dann fügt er hinzu: »Wenn ihr Mädels euch richtig reinhängt, könnt ihr vielleicht sogar einen Auftritt als Vorgruppe von den Stones an Land ziehen.«

Als ich kurz Zwischenstation beim Hauptwachposten mache, um mich zu verabschieden und um den Papierkram abzugeben, schaut mich einer der Beamten mit großen Augen an und ruft dann aus: »Verdammt noch mal, was machst du denn hier, mein Junge? Ich hab dich im Fernsehen gesehen und in der Zeitung über dich gelesen.« Dann sagt er zu seinem Kollegen: »Hey, Bob, der Kerl hier ist berühmt. Er arbeitet mit Problemkindern. Gibt ihnen Musikunterricht – und auch ein bisschen Liebe und Zuwendung, damit sie nicht hier drin landen bei dem ganzen anderen Gesocks.«

So ein Gefängnis ist fast wie ein Comic. Ganz schön schräg.

Ich weiß selbst nicht, wie lange ich es noch schaffe, hier zu arbeiten. So langsam geht mir das Ganze ganz schön an die Substanz und wirkt sich sogar auf mein Verhalten aus. Ich kann keine Bluejeans mehr anziehen. Nicht mal dann, wenn ich gar nichts im Gefängnis zu tun habe. Das ist doch mehr als verrückt.

19. April 2000

Zwei Kurse in San Quentin pro Woche machen mich verrückt. Ich fühle mich ausgebrannt und habe nicht damit gerechnet, dass das so schnell gehen würde. Zu viel für mein Hirn, um damit umzugehen. Nie könnte ich 40 Stunden in der Woche in San Quentin arbeiten. Früher oder später würde ich zusammenbrechen. Der Schmerz und die Hoffnungslosigkeit wuchern hinter den Gefängnismauern wie Krebsgeschwüre. Ich hoffe nur, dass ich diese acht Wochen hinter mich bringe, ohne auszurasten.
Als ich mit meinem Truck auf den Personalparkplatz fahre, setzt ein heftiger Regenschauer ein und ich komme klatschnass im H-Unit an. Bei der Anmeldung erklärt mir meine Eskorte, dass es im H-Unit in den letzten Tagen ziemlich drunter und drüber gegangen sei. Deswegen habe ich heute nur neun Schüler. Jeder kommt mal dran und kann sich am Schlagzeug austoben oder Gitarre spielen. Das zieht sich eine halbe Ewigkeit hin, bevor ich mit ihnen »Great Balls of Fire« und »My Girl« einstudieren kann. Der Schwarze

mit den Goldzähnen singt »My Girl« und danach versucht sich der weiße Skinhead an »Great Balls of Fire«.
Nachdem sie sich zwei Stunden an den Songs abgerackert haben, klingen sie wie eine ganz passable Bar-Band. Drei der Insassen versuchen es sogar mit einer den Temptations abgeschauten Choreografie, während Mr Skinhead »My Girl« schmettert.
Gegen Ende des Kurses kommt einer der mexikanischen Häftlinge auf mich zu und bedankt sich dafür, dass ich ihm die Gelegenheit gebe, seine Aggressionen am Schlagzeug abzureagieren. Und er fügt hinzu, wie sehr das Musikmachen ihm über das Dasein hinter Gittern hinweghilft. Und nicht nur ihm – auch die anderen Häftlinge würden darüber kurzfristig vergessen, dass sie im Gefängnis sind.
Ein anderer Häftling erzählt mir, dass er nur noch vier Wochen im H-Unit abzusitzen hat und dann wieder ein freier Mann ist.
»Boss, und das war's dann. Ich hoffe bloß, dass ich es diesmal nicht wieder vermassele, wenn ich draußen bin. Ich hab echt keine Lust, noch mal in dieses Höllenloch einzufahren.« Und dann hebt er eine Hand in die Höhe und zeigt mir den Totenkopfring an seinem kleinen Finger. »Ich möchte Ihnen im Namen von mir und den anderen Gefangenen hier für alles danken, was Sie für uns getan haben, Buzzy. Sie sind echt in Ordnung. Sie verkneifen es sich, über uns zu urteilen, und deswegen vertrauen wir ihnen. Wir respektieren Sie, weil Sie uns respektieren. Deswegen sollen Sie diesen Schädelring haben – damit Sie

auch da draußen manchmal an uns denken. Also hier ist er. Nehmen Sie ihn. Er gehört Ihnen.« Und mit diesen Worten streift er sich den Ring vom Finger und überreicht ihn mir.

Ich bedanke mich und streife ihn über. Ich merke sofort, wie sich dadurch die Atmosphäre zwischen uns verändert. Als ich später wieder aus dem H-Unit hinauseskortiert werde, bellen mich zwei von den Skinheads unter den Insassen an wie ein paar Straßenköter. Einer stimmt ein Wolfsgeheul an und fragt mich dann: »Hey, Boss, kannst du uns vielleicht auch so 'n paar Schwuchtelsongs beibringen? Du weißt schon, so wie dieser Scheiß, den sie auf MTV bringen, wo die Typen alle aussehen wie Schlampen?« Und dann fängt er an zu lachen und sagt, ich soll mich ins Knie ficken.

Kaum bin ich wieder in meinem Wagen, ziehe ich als Allererstes den Ring aus und stecke ihn in meine Jackentasche. Zu Hause unterhalte ich mich mit meiner Frau darüber und wir kommen zu dem Ergebnis, dass es am besten sei, den Ring in einer Schublade verschwinden zu lassen und ihn nie wieder zu tragen.

Wieder einmal danke ich Gott, dass ich nach Hause fahren kann, wo ich mein eigenes Bett und mein eigenes Klo habe. Alles in allem war der Abend im H-Unit ganz entspannt – wenn man einmal von der Tatsache absieht, dass ich den Schädelring eines Insassen als Geschenk angenommen habe.

25. April 2000

Die letzten beiden Dienstagskurse auf der Ranch sind ausgefallen, weil es unter den Insassen zu Schlägereien gekommen war. Daraufhin hat die Anstaltsleitung einen 24-stündigen Einschluss angeordnet, was die Lage wieder etwas beruhigt hat. Mir tun meine Kursteilnehmer leid, denn ich weiß, wie viel es ihnen bedeutet, dass ich nach San Quentin komme und ihnen Unterricht gebe.

Manche von ihnen sind wegen der Absage echt sauer auf das Personal. Der Beamte am Osttor erklärt mir, dass die Häftlinge von der Ranch wegen der ausgefallenen Musikstunden schon Entzugserscheinungen hätten. Sie würden sich so zickig aufführen wie kleine Mädchen.

Im Klassenzimmer angekommen, gehe ich die Anwesenheitsliste durch. Fünf Schüler sind es heute Abend. Auf dem Programm stehen »Hound Dog« von Elvis und »Shotgun Blues« von den Blues Brothers. Die Abende auf der Ranch laufen so friedlich ab, dass ich manchmal fast vergesse, dass ich im Gefängnis bin.

Um zehn vor neun frage ich meine Schüler: »Wie lange können wir heute denn machen? Müssen wir wieder um neun aufhören?«

Einer der Häftlinge schaut sich in der Runde um und sagt dann grinsend zu mir: »Buzzy, wenn du willst, kannst du auch bis zehn Uhr bleiben. Oder sogar die ganze Nacht, wenn dir danach ist. Wir haben ein paar freie Betten und

Klamotten in deiner Größe. Und morgen früh gibt's sogar was zu futtern. Was hältst du davon, Chef? Hast du Lust, über Nacht zu bleiben und ein bisschen mit den Jungs von der Ranch abzuhängen?«

»Spitzenidee. Wie ist der Zimmerservice?«

Es erhebt sich ein allgemeines Gelächter, das erst verebbt, als ein Beamter zur Tür hereinkommt und verkündet, dass der Unterricht vorüber ist und in zehn Minuten der nächtliche Zählappell stattfindet. Auf dem Weg zum Parkplatz sehe ich auf dem regennassen Asphalt die Schatten der Wachen oben auf dem Rundgang tanzen und ich denke mir, dass Gitarrenunterricht in einem Gefängnis zu geben wohl das Abgefahrenste ist, das ich je in meinem Leben veranstaltet habe.

26. April 2000

Obwohl ich schon so oft im H-Unit gewesen bin, wird es nicht einfacher für mich. Anders als auf der Ranch, wo ich mich auf dem Hof und in den Gebäuden frei bewegen kann, brauche ich hier für jeden Gang eine Eskorte. Im H-Unit gibt es heute Abend ein Konzert für die Insassen. Ich trete dabei zusammen mit zwei meiner ehemaligen Schüler auf. Könnte eine ganze Menge Spaß machen. Während ich mich in die Besucherliste eintrage, höre ich, wie über die Lautsprecheranlage verkündet wird: »Der Guitar Man ist da.«

Während ich am Empfang auf meine Eskorte warte, lächelt mich der Beamte hinter dem Tresen an und sagt: »Ein paar von den anderen Wachleuten haben erzählt, Sie wären ein Rockstar und richtig berühmt – stimmt das? Sind Sie echt berühmt?«

Ich erwidere sein Lächeln und antworte: »Ich hab bei einigen ziemlich großen Wohltätigkeitskonzerten in der Bay Area mitgespielt. Es ging darum, Spenden zu sammeln, um sogenannten Brennpunktkindern Musikunterricht oder -kurse zu ermöglichen. Und in dem Zusammenhang war ich öfter mal in der Zeitung oder auch im Fernsehen – deswegen bin ich so was wie eine lokale Berühmtheit in der Bay Area.«

Ich erzähle dem Wachbeamten, dass mich auch schon Häftlinge angesprochen haben. »Warst du nicht letzte Woche in der Zeitung?« oder »Ich hab dich vor Kurzem im Fernsehen gesehen«. Dabei, so erkläre ich ihm, bin ich nichts weiter als jemand, der Gitarre spielen und singen kann und der in seinem Leben das eine oder andere Mal Glück gehabt hat und jetzt versucht, etwas davon zurückzugeben, indem er anderen den Zugang zur Musik eröffnet. Und ihnen vielleicht auch ein bisschen damit hilft.

Schließlich kommt meine Eskorte und fragt mich, ob ich so weit bin. Im Speisesaal würden die Insassen bereits auf mich warten, damit die Show losgehen kann. Dann öffnet er die Tür und sagt: »Na, dann wollen wir mal, mein Freund.«

Konzerte finden immer im Speisesaal statt. Hier ist Platz

für mindestens 600 Häftlinge. Als ich den Raum betrete, sind die Instrumente und Verstärker bereits aufgebaut und etwa 500 Insassen lungern herum. Mir wird gesagt, dass heute Abend inklusive meiner Wenigkeit fünf verschiedene Bands auftreten werden.

Die erste Gruppe besteht aus vier Sträflingen, die Bebop-Jazz machen. Ein alter Schwarzer spielt Gitarre und singt, der Bassist ist Mexikaner und am Schlagzeug sitzt ein massiger weißer Skinhead, dem zwei Vorderzähne fehlen. Sie spielen vier Songs, die sich allesamt ziemlich gut anhören. Mir gefallen die Jungs, doch bei den Zuhörern stoßen sie mit ihrem Jazz auf wenig Gegenliebe. Nach jedem Song kommen Zwischenrufe wie »Mann, diese Schwuchtelmusik törnt echt ab« oder »Was soll denn das für Musik sein, ihr Arschgeigen?«.

Als Nächstes tritt ein Trio an: Bass, Gitarre, Schlagzeug. Der Bassist ist gleichzeitig auch Sänger. Sie spielen vier Heavy-Metal-Songs in einem Affenzahn. Keiner von ihnen lächelt. Der Gitarrist spuckt alle paar Minuten eine Ladung Kautabak aus, wenn er nicht gerade ein Solo spielt. Was sie machen, gefällt auch mir viel besser als das Jazzquartett. Als letzten Song spielen sie »Smoke on the Water« – ohrenbetäubend laut.

Dann sind wir an der Reihe. Wir haben uns kurz vorher auf ein Programm geeinigt: »Bad to the Bone«, »Shotgun Blues«, »Hound Dog« und den ZZ-Top-Song »Tush«.

Wir kommen richtig gut an. Wenigstens werde ich von keinem der Insassen mit irgendwelchen lautstarken Kommentaren bedacht. Nach uns spielt ein Duo mit akustischen Gitarren ein paar Folksongs in Stil von »On Top of Old Smokey« und »I've Been Working on the Railroad«. Um halb neun kommt die letzte Band auf die Bühne. Fünf Insassen, die ausschließlich singen. Drei Schwarze, ein Weißer und ein Mexikaner, der ziemlich klein gewachsen ist und ein Glasauge hat. Sie werden von niemandem begleitet und es ist, als hörte man die Temptations, nur ohne Musik. Sie singen nicht nur großartig, sondern bieten zusätzlich auch noch kleine Tanzeinlagen und Drehungen im Stil der Motown-Gruppen aus den Sechzigern und Siebzigern. Die Knackis im Publikum sind hin und weg – einfach geplättet. Die Jungs singen gerade mal drei Songs, aber was für welche: »My Girl«, »Tears of a Clown« und »Amazing Grace« – alles mit fünfstimmigem Gesang. Es ist nicht zu fassen. Als sie fertig sind, stehen alle auf und schreien nach einer Zugabe. Ich ebenfalls. Also geben sie noch einen zu und beenden den Konzertabend mit »Over the Rainbow« aus dem Film *The Wizard of Oz.*

Es ist jammerschade, dass all diese Häftlinge niemals eine Gelegenheit haben werden, ihre Fähigkeiten außerhalb der Mauern von San Quentin zu demonstrieren. Ich wollte, ich könnte ein paar Fotos machen oder ein paar Video- oder Tonaufnahmen, um sie Leuten draußen vorzuspielen. Ich habe Musiker nie als Gesetzlose betrachtet, auch wenn es sicherlich Leute gibt, die ganz anderer Ansicht sind. Ich konnte feststellen, dass es im Q einige verdammt gute Musiker gibt.

Während ich meine Gitarre einpacke, kommt einer meiner ehemaligen Schüler zu mir und sagt: »Hey, Chef. Wie läuft's? Ich dachte mir, ich komme mal wieder vorbei und hole mir noch ein paar Stunden Gitarrenunterricht. Ich war knapp über ein Jahr draußen, aber dann hab ich dich und den ganzen Laden so vermisst, dass ich mich wieder hab einbuchten lassen. Mal sehen, ob in deinem nächsten Kurs ein Platz für mich frei ist. Wie's aussieht, werde ich 'ne ganze Weile hier bleiben.«

Man sollte meinen, dass es reicht, wenn man einmal hier eingesperrt war, aber aus irgendwelchen Gründen tauchen etliche der Insassen aus dem H-Unit immer wieder hier auf. Und als wäre das noch nicht merkwürdig genug, kommt gleich darauf ein weiterer Häftling zu mir und stellt bei dieser Gelegenheit auch noch seinen Bruder vor. Er sagt, sie würden beide seit fünf Jahren in San Quentin einsitzen.

»Mein Bruder und ich, wir sind Familie. Uns kann keiner auseinanderbringen. Wenn jemand mein' Bruder anmacht, bring ich ihn um. Das is' mein Gesetz.« Sie sind beide übersät mit Tätowierungen und verströmen den Geruch von billigen Zigaretten und Schweiß. Wir unterhalten uns ein paar Minuten, bevor wir uns zum Abschied abklatschen.

Als ich vom Parkplatz fahre, weht von der Bay die frische Seeluft herüber. Auf der Mauer am Osttor sitzt ein Schwarm Vögel, die einander fröhlich zwitschernd etwas vorsingen. Was für ein Kontrast zum Leben hinter diesen

Mauern. Die Bay zu meiner Linken und San Quentin zu meiner Rechten. Die Kerkerkolonie.
Ich wollte, ich könnte mal ein paar von den Kids aus dem Jugendgefängnis mitbringen und übers Wochenende hier abgeben. Möglicherweise würde ihnen das einen solchen Schrecken einjagen, dass sie keinen Mist mehr bauen.

6. Juni 2000

Heute Abend bin ich auf der Ranch und morgen wieder im H-Unit. Danach nehme ich mir für den Sommer erst einmal drei Monate frei. Ich brauche dringend Abstand zu San Quentin. Als ich auf den Parkplatz fahre, höre ich im H-Unit Sirenen heulen und sehe im Gebäude Blaulichter flackern. Wachen rennen herum, brüllen etwas und die Insassen setzen sich nach und nach auf den Boden. Ich schaue mich um und sehe, dass auf der Ranch alle Baseball spielen. Keiner der Häftlinge von der Ranch scheint sich auch nur im Geringsten für das zu interessieren, was im H-Unit passiert.
Der Wachmann von der Nachtschicht auf der Ranch erzählt mir: »Die Häftlinge werden Sie vermissen. Die freuen sich die ganze Woche auf den Unterricht. Da können sie wenigstens mal für eine kurze Zeit vergessen, dass sie im Gefängnis sitzen. Es hat eine beruhigende Wirkung auf sie, wenn sie wieder mal den Rappel kriegen, dass sie so lange eingesperrt sind. Außerdem hilft es ihnen, die Zeit totzuschlagen.«

Als der Beamte die Tür zum Fortbildungsraum aufmacht, schlägt uns ein Schwall heißer Luft entgegen, worauf er vorschlägt, die Tür den ganzen Abend offen zu lassen. Meine Schüler kommen nach und nach rein. Ein Blick in ihre Gesichter genügt, um zu wissen, dass ihnen der Gitarrenunterricht sehr fehlen wird.
Ich hake die Anwesenheitsliste ab, stimme ihre Gitarren und zeige ihnen dann die Songs »Lean on Me« und »Rocky Mountain Way«. Die zwei Stunden vergehen wie im Flug. Aus irgendeinem Grund hängen sich meine Schützlinge heute richtig in den Gesang rein, als ginge es um ihr Leben. Nach dem Unterrichtsende wird mir eine selbst gebastelte Karte überreicht, die von allen Kursteilnehmern der Ranch unterzeichnet ist. Der Text lautet:

Lieber Buzzy, vielen Dank dafür, dass du Sonne in diese Finsternis bringst. Danke für die Musik. Gezeichnet: alle Schüler von der Ranch, Staatsgefängnis San Quentin.

Ich bin sprachlos. Mir fehlen die Worte und so sage ich nur: »Vielen herzlichen Dank.«
Während ich meine Gitarre einpacke, erzählen mir zwei meiner Schüler, dass sie durch den Musikunterricht neues Selbstvertrauen entwickelt haben und dass ihr Leben sich seitdem nicht mehr nur um Verbrechen dreht.
Bei solchen Gelegenheiten wird mir die Bedeutung des Wortes »Freiheit« vor Augen geführt, und nun, da ich Menschen kennengelernt habe, denen sie verwehrt ist,

werde ich sie nie wieder für etwas Selbstverständliches halten.

7. Juni 2000

Nach dem heutigen Kurs im H-Unit ist erst mal Schluss für den Rest des Sommers. Ich lege die besagte Pause ein, damit mein Kopf mal zur Ruhe kommt. Zweimal pro Woche nach San Quentin zu kommen, wird mir einfach zu viel. Das Gefängnis schlägt mir auf die Seele und ich brauche einfach Abstand, um den ganzen Dreck loszuwerden.
Als ich heute Abend das H-Unit betrete, schlägt mein Herz schneller. Vielleicht, weil es der letzte Abend ist. Ich frage den Wachbeamten am Tresen, wie lange er schon in San Quentin arbeitet. Er schaut mich lange schweigend an, bevor er schließlich sagt: »Ich arbeite hier seit zehn Jahren, aber es kommt mir sehr viel länger vor. Ich kann's kaum erwarten, bis ich endlich pensioniert werde. Das hier ist der reinste Affenzirkus. Wie lange kommen Sie schon nach San Quentin?«
Bevor ich antworten kann, kommt meine Eskorte. Wir gehen über den Hof. Alles ist ruhig, einige der Häftlinge spielen Basketball. Kein Vergleich zu gestern Abend.
Die nächsten beiden Stunden zeige ich meinen Schülern die Songs »Twist and Shout«, »Smoke on the Water« und »Long Tall Sally«. Anfangs ist alles eine ziemlich wilde Angelegenheit, denn jeder probiert jedes Instrument, haut auf

das Schlagzeug oder hämmert auf die Bassgitarre. Manche schlagen dabei über die Stränge, doch es dauert nicht lange, bis sich alle zusammenraufen und wir über weite Strecken beinahe so gut klingen wie eine professionelle Bar-Band. Manchmal sogar besser.

Um zehn vor neun kommt ein Wachbeamter herein, groß wie ein Baum, und erklärt, dass der Kurs nun zu Ende ist, die Schüler ihre Sachen zusammenpacken und sich so schnell wie möglich fertig machen sollen.

Nach ein paar Minuten blafft er: »Antreten und fertig machen zum Abmarsch. Zählappell ist in 15 Minuten!«

Wir hasten mit unseren Gitarren den Flur entlang, als mir plötzlich einfällt, dass ich meine Plektren im Klassenzimmer vergessen habe. Ohne nachzudenken, mache ich kehrt und gehe zurück, um sie zu holen. Die Tür ist verschlossen und nirgendwo brennt Licht. Ich sitze in der Falle wie eine fette Ratte. Und das im Gefängnis. Um mich herum eine ohrenbetäubende Stille. Das Einzige, was ich höre, ist mein eigener keuchender Atem. Schweiß rinnt über mein Gesicht. Verzweifelt trommle ich gegen die Tür. Es kommt mir vor, als würden Stunden vergehen, dabei können es nur drei oder vier Minuten gewesen sein. Der Gedanke daran, meiner Freiheit beraubt zu sein, lässt mich noch heftiger gegen die Tür trommeln. Schließlich fange ich aus Verzweiflung an zu brüllen: »Hilfe! Ich bin eingesperrt! Jemand muss mich hier rauslassen, bitte!« Irgendwann kommt mir die Situation so bescheuert vor, dass ich lachen muss – eingesperrt in einem Büroraum im Inneren von San Quentin und niemand, der meine Hilferufe hört. Bis irgendwann Schritte zu hören sind und das Klirren eines Schlüsselbunds.

Als der Beamte die Tür aufschließt, strömt ein wohltuender Schwall frischer Luft rein. Während ich mir noch den Schweiß von der Stirn wische, brüllt er mich an: »Was fällt Ihnen ein, sich einfach so aus dem Staub zu machen und wegzurennen? Wo zum Teufel wollten Sie denn hin? Ich habe fünf Minuten nach Ihnen gesucht. Hier im Gefängnis müssen wir immer Bescheid wissen, wo sich jeder aufhält. Wir können sonst nicht für die Sicherheit der Leute garantieren, falls es zu einer Revolte oder Meuterei kommt. Mit so 'nem Scheiß wie gerade eben können Sie sich beim Personal mächtigen Ärger einhandeln. Machen Sie so was nie wieder. Kapiert, mein Junge?«

Alles, was ich darauf antworten kann, ist: »Jawohl, Sir. Kann ich jetzt nach Hause?«

Abgesehen von diesen paar Minuten war es ein ganz entspannter Abend. Trotzdem werde ich den Laden während der nächsten drei Monate nicht vermissen.

Als ich in meinem Wagen sitze und zum Osttor fahre, mache ich noch einmal kurz halt und sage: »Gute Nacht, San Quentin. Bis in drei Monaten. Mach's gut.«

Es ist ein tolles Gefühl, nach Hause zu fahren und zu wissen, dass ich jetzt erst einmal Pause habe und zur Ruhe kommen kann. Ich denke aber auch darüber nach, wo ich wohl unterrichten werde, wenn es im September wieder losgeht.

Erneut im North Block

12. September 2000

Heute Abend ist der erste Kurs nach einer Pause von drei Monaten. Diesmal wieder im North Block. Meine Chefin erklärt mir, dass man mir einen der Insassen zugeteilt hat, der mir beim Umgang mit den anderen Häftlingen, bei der Erledigung des Papierkrams helfen und auch für sonstige Aufgaben zur Seite stehen soll.

Ich spüre die Gefängnisatmosphäre schon in dem Augenblick, als ich auf den Parkplatz fahre. Kaum fällt die massive eiserne Pforte krachend ins Schloss, stellt sich wieder dieses unheimliche Gefühl ein, das ich mittlerweile so gut kenne. Die diensthabenden Wachen heißen mich im Zuchthaus willkommen. Der typische Gefängnisgeruch kommt mir heute Abend besonders intensiv vor. Einer der Wachbeamten sagt mir, dass letzten Sonntag für alle weißen Häftlinge ein Einschluss verhängt wurde. Heute sind alle Schwarzen davon betroffen, sodass ich unter Umständen nicht mit allzu vielen Schülern zu rechnen hätte.

Ich werfe einen Blick auf meinen Laufzettel und stelle erschrocken fest, dass sich doch 14 Insassen für meinen Kurs angemeldet haben, der während der kommenden 16 Wochen im Hauptgebäude stattfinden wird. Dies ist der größte Kurs, seit ich vor drei Jahren mit dem Gitarrenunterricht im Gefängnis angefangen habe. So merkwürdig es auch klingen mag, aber ich bin richtig froh, wieder hier zu sein, wo alles angefangen hat.

Der North Block ist nicht so übel und finster wie das H-Unit – insofern könnte das Ganze richtig Spaß machen. Bei meiner Ankunft im Max Shack begrüßt mich ein Insasse, der mir mit einem strahlenden Lächeln erklärt, er sei mein neuer Assistent. Er trägt eine Brille mit dicken Gläsern und erklärt mir äußerst freundlich, dass ich ihm nur Bescheid sagen soll, falls ich irgendwas brauche, und er wird es auftreiben – Stifte, Papier, fotokopierte Noten, was auch immer.

»Sagen Sie mir einfach nur, was ich tun soll, und – schwuppdiwupp! – wird's erledigt. Ich stehe Ihnen die nächsten 16 Wochen voll und ganz zur Verfügung. Ich tanze voll nach Ihrer Pfeife, Boss.«

Es ist ein wenig befremdlich, einen Insassen an meiner Seite zu haben, der so erpicht darauf ist, mir zu helfen. Ich bin zwar sicher, dass sich mein neuer Gehilfe prima bewähren wird, aber ein komisches Gefühl habe ich dennoch.

Während der nächsten paar Minuten strömen Häftlinge jedweder Herkunft in das Klassenzimmer. Lediglich Schwarze sind nicht darunter. Einer der Weißen sagt: »Die Schwarzen sind alle im Einschluss; da können sie mal ordentlich zusammen abfeiern.«

Während ich mich noch mit ihm unterhalte, kommt ein weiterer Insasse zur Tür herein. Er sieht aus wie ein smarter Bursche aus einem Mafia-Film. Seine Haare sind mit Gel zurückgekämmt und er redet mit einem starken New-Jersey-Akzent.

Das Erste, was er sagt, ist: »Jo, ich habe total Respekt vor jedem verdammten Musiker, der sich in ein Gefängnis reintraut, um den Häftlingen Musikunterricht zu geben. Können Sie mir beibringen, den Blues zu spielen? Ich hab lebenslänglich und komme hier nie wieder raus. Ich hab einen Typen mit einem Baseballschläger umgelegt. Hab ihm einfach von hinten den verdammten Schädel zerdroschen. Zong! Der Kerl hat gar nicht mitgekriegt, was ihm passiert ist. Sein Kumpel allerdings schon, und deswegen sitze ich jetzt hier und bin dazu verdammt, in diesem elenden Höllenloch zu sterben. Und da dachte ich mir, es wäre vielleicht gar keine schlechte Idee, es mal mit Musik zu probieren. Ansonsten habe ich nichts weiter zu tun, als darauf zu warten, dass ich endlich sterbe, oder die ganze Zeit miese Laune zu haben. Und da scheint es mir doch wesentlich besser, Gitarre zu spielen. Außerdem habe ich dann etwas, das mich auf andere Gedanken bringt und mich nicht immerzu daran denken lässt, wie einsam mein Herz ist, während ich hier im Q eingesperrt bin.«

Mein Assistent erzählt mir, dass sechs meiner Schüler nicht die geringste Aussicht haben, jemals wieder die Freiheit zu erlangen. Nachdem die Anwesenheitsliste abgearbeitet ist, finde ich heraus, wer von den Häftlingen bereits Gitarre spielen kann und welche überhaupt keine musikalischen Kenntnisse haben. Ich bin positiv überrascht, dass etwa die Hälfte der Teilnehmer schon ein bisschen Gitarre spielen kann. Der Rest sollte in der Lage sein, den Vorsprung bald aufzuholen. An Zeit zum Üben herrscht bei ihnen ja kein Mangel.

Ich zeige meinen Schülern zwei Songs: »What'd I Say« von Ray Charles und »House of the Rising Sun«. Ich gebe ihnen Fotokopien mit den Noten und den Griffen für beide Songs. Während wir gerade dabei sind, den Text zu »What'd I Say« einzustudieren, schwingt die Tür auf und ein schwarzer Wachbeamter, ungefähr 1,95 Meter groß und mindestens 120 Kilo schwer, kommt herein und deutet mit dem Finger auf mich. Er bleibt stehen und sagt mit tiefer Stimme und schwerem jamaikanischen Akzent: »Hallo, Maan. Ich habe ein paar Fragen an Sie, Maan. Ich will Gitarre spielen und wollte wissen, wo ich in der Bay Area eine günstig kaufen kann und was so ein Ding dann kostet.«

Also erkläre ich dem Wachbeamten, was Gitarren im Allgemeinen kosten und wo er sie am günstigsten kaufen kann. Lächelnd bedankt er sich bei mir: »Astrein, Maan.«

Genau in dem Augenblick, als er den Raum verlässt und die Tür hinter sich zuzieht, bricht draußen auch schon die Hölle los – Sirenen schrillen, Alarmglocken läuten, Stiefel von Wachmännern poltern über die Flure, untermalt vom Klirren der Schlüssel an ihren Gürteln.

Ich höre noch, wie einer der Wachleute etwas von einer Schlägerei im Speisesaal erzählt, dann ist der ganze Raum erfüllt von den Stimmen der Häftlinge, die in der gleichen Tonhöhe kreischen wie die Sirenen. Ein verstörender Klang – erwachsene Männer, die sich aufführen wie verängstigte kleine Welpen.

Mein Assistent beugt sich zu mir herüber und sagt: »Hey,

Boss. So was passiert hier jeden Tag. Keine große Sache, der übliche Gefängnisalltag. Solange keine Schüsse zu hören sind, brauchen Sie sich keine Sorgen zu machen.«
Und er hat recht! Nach etwa zehn Minuten verebben ganz plötzlich der Wahnsinn und das Geschrei außerhalb des Kurszimmers und alles ist wieder so, als ob überhaupt nichts geschehen wäre. Nicht mal eine Minute später halten alle Insassen ihre Gitarren wieder in der Hand und singen mit Inbrunst.
Ich stelle fest, dass die Unterschiede zwischen einem Zuchthaus und dem Jugendgefängnis gar nicht so groß sind – außer dass die Wachen im Zuchthaus Schusswaffen tragen. Die Gerüche sind die gleichen. In beiden Fällen ist das Leben völlig durchorganisiert. Macht, Kontrolle, Einschüchterung, Respekt und Missbrauch spielen eine große Rolle im Alltag beider Institutionen. Genau betrachtet besteht der einzige Unterschied zwischen dem Zuchthaus und dem Jugendgefängnis im Alter der Insassen.
Nachdem wir zweieinhalb Stunden einen Heidenspaß hatten, muss ich den Kurs für heute beenden. Während alle ihre Instrumente einpacken, erzähle ich den Insassen von den Kursen, die ich für die »Problemkinder« im Jugendgefängnis abhalte. Ich frage sie, was sie diesen Jugendlichen erzählen würden, wenn sie die Gelegenheit hätten, ein paar von diesen jungen Gang-Mitgliedern zu treffen, die mir immer mit den gleichen Sprüchen kommen: »Knast ist nur halb so wild. Ich kann schon auf mich aufpassen. Das wird schon cool. Machen Sie sich um mich keine Sorgen.«

»Irgendwelche klugen Ratschläge für diese Grützköpfe?«
Einer der Häftlinge hält mitten in seiner Tätigkeit inne und schaut mich ernst an. »Buzzy, diese Jungs würden hier nicht mal ein paar Tage heil überstehen. Die wären Frischfleisch, das den Typen hier zum Fraß vorgeworfen wird. Und die würden es sich richtig schmecken lassen. Geh zu diesen kleinen Klugscheißern und sag ihnen, dass sie hier kein Licht sehen und immer nur mit einem Auge zu schlafen können – es sei denn, sie stehen drauf, Sex mit irgendwelchen stinkigen, alten Knackis zu haben, sich von Wachen anbrüllen und sich erzählen zu lassen, wie man sein Leben zu führen hat. Das hier ist kein Ort für Kinder. Sag ihnen, sie sollen lieber die Schule fertig machen. Das Leben im Gefängnis ist die Vorstufe zur Hölle. Man macht hier Dinge, die anderswo unvorstellbar wären. Wie ist das, Buzzy? Ist das eine geeignete Antwort auf Ihre Frage, was ich diesen Kids erzählen würde?«
Ich kann darauf nur erwidern: »Wow!«
Um Punkt neun kommen zwei Wachen herein und sagen, dass in zehn Minuten der nächtliche Zählappell stattfindet. Was bedeutet, dass sich sämtliche Kursteilnehmer ziemlich beeilen müssen, um Ärger zu vermeiden.
Als ich an der Gefängniskapelle vorbeigehe, höre ich den Chor der Häftlinge »Oh Happy Day« singen. Es ist ein gutes Gefühl, wieder im Hauptgebäude zu sein. Ich habe keine große Lust mehr, ins H-Unit oder zur Ranch zurückzukehren. Im North Block fühle ich mich wesentlich sicherer.

Die Häftlinge in meinem Kurs sind schon ein bisschen älter – zwischen 28 und 50. Die meisten Gefangenen, die neuerdings hier eingeliefert werden, sind sehr jung – zwischen 18 und 20. In den letzten sechs Monaten wurden 300 neue Häftlinge hier eingewiesen.

Verrückte Zeiten im Q

24. Oktober 2000

Während der letzten vier Wochen ging es in San Quentin drunter und drüber. In dieser Zeit gab es eine Exekution, fünf generelle Einschlüsse und zwei Wachbeamte wurden von Häftlingen verprügelt. Wegen der vielen negativen Nachrichten aus San Quentin beginnt meine Frau sich Sorgen um meine Sicherheit zu machen. Sie befürchtet, dass mir während meines Unterrichts etwas zustoßen könnte. Immer wieder sage ich ihr, dass es keinen Grund dafür gibt, sich Sorgen zu machen, dass alles gut gehen wird. Schließlich haben sich in den etwas weniger als drei Jahren, in denen ich im Q Musikunterricht gebe, noch nie irgendwelche Dramen im Klassenzimmer selbst abgespielt.

Als ich heute ankomme, ist die Stimmung bei den Wachbeamten wie auch bei den Häftlingen merklich angespannt. Nach dem Unterrichtsbeginn entspannt sich die Situation. Heute stehen die Songs »The Monster Mash« und »Stand by Me« auf dem Programm. Als ich einem der Häftlinge zeige, wie man »Stand by Me« spielt, blafft er mich an: »Hören Sie zu, Boss, ich hab 'ne echt harte Woche hinter mir. Ich sitze hier in San Quentin schon seit 15 Jahren fest. Ich hab lebenslänglich. Ich komm hier nie wieder raus. Ich hab mein Leben komplett an die Wand gefahren. Dieser Ort hier ist schrecklich. Aber das Schlimmste daran ist, dass ich meine Familie niemals wiedersehen werde.

Mein Vater, meine Mutter, meine Frau, die Kinder, keiner kommt mich hier besuchen. Sie schreiben mir, dass ich ihnen das Herz gebrochen und ihr Vertrauen missbraucht habe. Mit diesem Schmerz muss ich nun für den Rest meines Lebens hier ausharren.«

Zwischen den beiden Songs erzählt ein anderer Häftling, warum er im Gefängnis gelandet ist: »Das Ganze fing damit an, dass man mich fragte, ob ich nicht Lust hätte, ein Auto runter an die Grenze zwischen Kalifornien und Mexiko zu fahren, für 10.000 Dollar bar auf die Hand. Irgendwas mit Drogen, aber keine weiteren Fragen. Ob ich den Job erledigen könne. ›Klar kann ich‹, sag ich denen. So, und während ich den Wagen in Richtung Grenze fahre, mitten in der Nacht den Highway 101 runterdüse, entdecke ich unter dem Fahrersitz eine 357er. Weil ich überzeugt war, dass niemand mich hören würde, gab ich aus dem Autofenster heraus ein paar Schüsse ab. Und, verdammte Scheiße, irgendwer hörte es doch und rief die Bullen. Die Polizei errichtete zehn Meilen von mir entfernt eine Straßensperre und als ich dort ankam, traf ich auf 15 oder 20 Beamte, die mit ihren Pistolen auf meinen Kopf zielten. Als die Bullen den Kofferraum meines Wagens aufmachten, musste ich zu meinem Entsetzen feststellen, dass die Leiche des Besitzers da drin lag. Er war gefesselt und roch bereits ziemlich übel. Nachdem man mir Handschellen angelegt und mir meine Rechte verlesen hatte, erklärte ich ihnen, dass ich nichts damit zu tun hätte, dass man mich hereingelegt hätte. Dass sie den falschen Mann hätten. Und jetzt bin ich für 25 Jahre beziehungsweise lebenslänglich in San Quentin, nur weil ich ein bisschen zu gierig und bescheuert war und einen wirklich schlechten Anwalt hatte. Wenn sich etwas zu gut anhört, um wahr zu sein, dann ist es das auch meistens. Niemand will sein Dasein im Gefängnis fristen, zusammen mit einem anderen Häftling in einem Käfig schlafen, in Zellen, die so winzig sind, dass man von so etwas wie Freiheit nur träumen kann. Was einen im Gefängnis am meisten fertigmacht, ist die Warterei. Warten in der Schlange bei der Essensausgabe, warten auf eine freie Dusche, warten darauf, das Telefon oder die Toilette benutzen zu können. Daraus besteht das Leben eines Insassen hier im Q.«

Ein anderer Häftling steht auf: »Da draußen laufen Knastbrüder herum, die es gar nicht abwarten können, endlich erneut ins Gefängnis zu wandern. Das hier ist unser zweites Zuhause. Manchmal ist es viel einfacher, nur eine Nummer zu sein. Widersprich nicht und halt dich an die Regeln. Versuch, keinem ans Bein zu pissen. Sitz einfach deine Zeit ab.«

Nachdem ich den größten Teil des Abends damit verbracht habe, ihnen die Songs beizubringen, merke ich, dass einige der Häftlinge viel lieber mit mir reden und mir ihre Gefängnisgeschichten erzählen wollen. Genau um halb neun wird die Tür von einer Wachbeamtin aufgerissen, die hereinruft: »Letzte Aufforderung zum Essenfassen. Das Gefängnis wird in wenigen Minuten abgeriegelt.« Und wirklich beginnen sofort die Sirenen zu heulen und die Warnlichter zu blinken.

Die Wachbeamtin zeigt mit dem Finger auf mich und brüllt: »Sie packen sofort Ihren Scheiß zusammen. Auf keinen Fall laufen, aber beeilen Sie sich und bleiben Sie an meiner Seite.« Als ich das Klassenzimmer verlasse, fühle ich mich wie in einem Film. Während man mich aus dem Gefängnis herauseskortiert, berichtet man mir, dass es in den letzten Stunden ziemlich verrückt zugegangen ist. Es gab Schlägereien zwischen den Insassen, bei denen auch das Wachpersonal einiges abbekommen hat, deshalb ist ein totaler Einschluss verhängt worden. Als wir am Kontrollpunkt am Osttor ankommen und der Wachbeamte hinter dem Schreibtisch mich sieht, reißt er ungläubig die Augen auf und brüllt: »Was zum Teufel machen Sie denn noch hier, Mann? Wir haben einen Sicherheitsalarm. Da drin gibt es gerade einen Aufstand. Jetzt melden Sie sich schleunigst ab und gehen Sie nach Hause.«

Beim Verlassen des Gefängnisses bemerke ich größte Nervosität. Als ich in den Rückspiegel schaue, sehe ich zum ersten Mal, wie ein Wachbeamter die großen Stahltore hinter mir verriegelt. Ein kalter Wind bläst durch das Fenster meines Trucks, während draußen die Polizeisirenen schrillen. Was für ein krasses Abenteuer. Jetzt frage ich mich doch, ob meine Frau sich nicht doch zu Recht Sorgen um meine Sicherheit macht.

7. November 2000

Von Freunden, Familienmitgliedern, Musikern und den Kids aus der Jugendstrafanstalt wurde ich gefragt, was ich über die Todeszellen weiß und ob ich jemals einen Häftling aus dem Todestrakt gesehen hätte. Ich selber komme nicht in den Todestrakt hinein, da der Zugang nur wenigen Angestellten erlaubt ist. Ich habe aber ein paar schreckliche, für mich unerträgliche Geschichten darüber gehört, was sich dort zwischen den Häftlingen und den Beamten abspielen soll. Die Häftlinge in den Todeszellen haben wirklich grauenvolle Dinge getan.

Als ich den Haupthof von San Quentin betrete, lächelt mich einer der Häftlinge an und reckt seinen Daumen in die Höhe. Als ich nah genug bin, um ihm Hallo zu sagen, beginnt er »Papa Was a Rolling Stone« zu singen und dazu zu tanzen. Ich habe schon einige verrückte Sachen in meinem Leben gesehen, aber ein Häftling, der in einem Gefängnis für mich singt und tanzt, ist echt zu viel für mich. Nachdem ich dem alten schwarzen Knastbruder zwei Minuten beim Singen und Tanzen zugeschaut habe, sage ich ihm, dass ich los muss, er aber unbedingt weitermachen soll.

Als ich am Klassenraum ankomme, warten dort bereits acht Häftlinge darauf, dass der Kurs losgeht. Draußen laufen mindestens 300 Häftlinge herum. Einige gehen zum Abendessen oder zum Unterricht, andere sind auf dem Weg zurück in ihre Zellen.

Nach Überprüfung der Anwesenheitsliste frage ich die Insassen, ob ich ihnen nicht »Rock This Town« und »Jailhouse Rock« beibringen soll. Da starrt dieser kleine indonesische Häftling zuerst mich und dann die anderen Häftlinge an. Mit verträumter Stimme und ziemlichem Akzent sagt er: »Die Stray Cats und Elvis. Elvis, King of Lock and Loll. Sein Stimme klingen wie Gold für mich. Alle sein Lieder singen.«

Ich bin beeindruckt von seinem Wissen über klassische amerikanische Rock-'n'-Roll-Musik. Ich solle ihn irgendwas zum Thema Rock 'n' Roll fragen, schlägt er vor, vielleicht wisse er ja die richtigen Antworten. Also stelle ich ihm einige Minuten lang Fragen zu den Beatles, Jerry Lee Lewis, ZZ Top und Elvis. Er weiß alles. Der Rest der Klasse feuert ihn an. Wir sind alle schwer beeindruckt. Schließlich stellt er sich auf einen Stuhl, macht eine Verbeugung, bedankt sich mehrfach und grinst dabei von einem Ohr zum anderen.

Er berichtet, dass er seit neun Jahren im Gefängnis sei und nichts anderes tue, als klassischen Rock 'n' Roll zu hören. »Ich liebe in USA leben. Ich liebe Lock-Musik und ich liebe Contwiemusik. Es helfen um den Tag in Gefängnis überstehen.«

Sein Lächeln schwindet, er blickt mich sehr ernst an und sagt: »Ich umgebracht ein Mann mit eine Rohr. Ich ihn fünfmal damit geschlagen, bevor er umfallen und sterben. Diese Typ war zu falsche Zeit an falsche Ort. Ich bauen Scheiße. Es mir tut leid für sein Familie, aber für mich ist

zu spät. Ich lebenslänglich. Deshalb ich liebe Musik so sehr. Lässt mich vergessen mein Schmerz darüber, dass ich umgebracht diese Typ ohne richtige Grund.«
Dann erzählt uns ein anderer Kursteilnehmer: »Ich hab da 'ne Geschichte für Sie und Ihre Kids im Jugendknast. Ich hab einen Mann erstochen. Er brachte mich richtig auf die Palme. Ich hatte einen völlig beschissenen Tag, er grinst mich an, und das lässt mich total ausrasten. Ich hab das in den falschen Hals gekriegt. Das Nächste, woran ich mich erinnern kann, ist, dass ich ihm dieses beschissene Messer in den Hals ramme. Es tut mir irgendwie schon leid, aber was soll ich denn machen? Alles ging so schnell, nach einer Minute war alles vorüber. Ich bin abgehauen, aber sie haben mich geschnappt. Ich wünschte, ich könnte die Zeit noch einmal zurückdrehen, alles anders machen, es besser machen, aber das wird nicht passieren. Ich bin auch ein Lebenslänglicher. Dieses Gefängnis werde ich nicht mehr lebend verlassen. Sagen Sie den Kids, mit denen Sie arbeiten, sie sollen verdammt noch mal die Finger von der Scheiße lassen, ihre Hausaufgaben machen, die Schule nicht abbrechen, auf Mama und Papa hören und keine Drogen nehmen. Sie sollen einfach nur nette junge Leute sein. Und nicht im Knast enden, bei kaputten Typen wie wir.«
Mein Helfer wendet sich mir zu und sagt: »Boss, wir alle haben großen Respekt davor, dass Sie ins Gefängnis kommen, um uns Musikunterricht zu geben. Sie sind wirklich ein Teufelskerl.« Jeder einzelne Häftling bedankt sich per Handschlag bei mir dafür, dass ich ihm etwas über Musik

beibringe. Ich frage mich, was für eine Kindheit diese Häftlinge wohl hatten. Was ließ sie so hart und so verrückt werden? Was hat ihre Seelen zerstört?

14. November 2000

Wie lange werde ich diesen Gefängnis-Gig wohl noch geben können? Bei den letzten Malen im Q kam es wieder zu einigen Auseinandersetzungen zwischen den Insassen. In den Nachrichten wurde viel von der Überbelegung in San Quentin berichtet. Das Gefängnis ist alt und sowohl für das Personal wie auch die Häftlinge unsicher.
Nachdem ich eingecheckt und die Teilnehmerliste erhalten habe, informiert mich der diensthabende Beamte der Nachtschicht darüber, dass heute Abend wieder alle weißen Häftlinge in ihren Zellen bleiben müssen. Er fährt fort: »Schwarz-, rot- oder gelbhäutige Häftlinge dürfen heute Nacht zum Musikunterricht. Wenn du ein weißer Gefangener bist, hast du Pech gehabt!«
Zum Unterricht tauchen dann acht Häftlinge auf: fünf Schwarze, zwei Mexikaner und der Indonesier, der fast alles über Rockmusik weiß. Der Unterricht läuft äußerst locker ab. Wir üben ein paar Songs, die leicht zu spielen sind, wie »Old Time Rock and Roll«, »Jailhouse Rock« und »I Got You (I Feel Good)«.
Am Ende der Musikstunde lachen alle und klatschen sich ab. Jeder ist begeistert von dem Abend. Während wir den

Klassenraum verlassen, dreht sich einer der Häftlinge zu mir um, um sich zu verabschieden.
Bumm!
Wie aus dem Nichts heraus gehen die Sirenen und Alarmglocken los, blinkt Blaulicht auf wie im Film, nur dass dies hier Realität ist. Mittlerweile rennen überall Wachbeamte herum, während sich alle Häftlinge, wo sie sich auch gerade befinden, auf den Boden setzen. Ziemlich beeindruckt setze ich mich ebenfalls hin.
Da flüstert mir einer meiner Musikschüler zu: »Hey, Buzzy, wenn ich Sie wäre, würde ich meinen Arsch sofort wieder nach oben bewegen, allerdings nicht zu hastig. Ich würde hier keine Sekunde länger sitzen bleiben.« Langsam stehe ich wieder auf, bewege mich aber nicht weiter. Ich glaube, ich stehe unter Schock. Dann stürmen ungefähr 25 Wachleute in gepolsterten Sicherheitswesten auf mich zu. Sie alle tragen Schlagstöcke und stecken in voller Kampfmontur, inklusive Helme mit Gesichtsvisier. Niemand sagt etwas, als sie an mir vorbeirennen. Ich bin kurz davor, mir in die Hose zu machen.
Wegen der Alarmglocken ist es schwierig, irgendetwas zu hören. Der Moment brennt sich tief in mein Bewusstsein ein und ich frage mich, was als Nächstes geschehen wird. Dann spüre ich, dass mir jemand mit dem Finger auf die Schulter tippt. Als ich mich umdrehe, stehen zwei bullige Wachleute vor mir. Einer von ihnen sagt mir, dass ich ihm folgen solle, er bringe mich aus dem Chaos raus. Und dann noch: »Kein Wort jetzt, Mann. Gehen Sie einfach so

schnell, wie Ihre Füße Sie tragen, neben mir her und drehen Sie sich nicht um.«
Ich tue, was mir der Wachmann sagt. Ich gehe, so schnell ich kann, und sage kein einziges Wort. Als wir endlich den Kontrollpunkt am Ostausgang erreicht haben, erklärt mir der Beamte, dass ich es gerade noch so geschafft habe, aus einem Sicherheitsalarm der Stufe 1 herauszukommen. Er sagt mir: »Sie können froh sein, heute Nacht nach Hause gehen zu können, mein Freund. Hier geht gleich die Hölle los. Wenn ich Sie wäre, würde ich jetzt ganz schnell in mein Auto springen und schauen, dass ich Land gewinne. Ich muss jetzt wieder an die Arbeit. Fahren Sie vorsichtig und rufen Sie vielleicht nächste Woche noch mal an, um zu fragen, ob hier im Q wieder alles okay ist.« Auf dem Weg nach Hause klingen immer noch die Alarmglocken in meinen Ohren. Meine Frau wird nicht begeistert sein, wenn sie erfährt, dass ich mitten in einen Sicherheitsalarm geraten bin. Herr, gib mir Kraft für die kommende Woche.

Ein weiteres Weihnachten in San Quentin

6. Dezember 2000

Wegen der vielen Einschlüsse habe ich schon seit einigen Wochen keinen Musikunterricht im Q geben können. Die Lage scheint sich zu verschlechtern.
Nachdem ich heute bereits mindestens 20 Minuten im Klassenzimmer gewartet habe, finden sich die Häftlinge nach und nach zum Unterricht ein. Ich teile ihnen mit, dass wir uns heute mit den Liedern »Rudolph, the Red-Nosed Raindeer« und »Santa Claus Is Coming to Town« beschäftigen werden. Ich finde, dass sich kurz vor Weihnachten diese Songs wunderbar anbieten. Der indonesische Häftling kennt beinahe alle Weihnachtslieder, die in den Vereinigten Staaten während der letzten 45 Jahre aufgenommen wurden. Er mag Elvis' »Blue Christmas« und Bing Crosbys »White Christmas«.
Nachdem etwa die Hälfte der Unterrichtsstunde vorüber ist, fragt mich einer der Häftilnge, ob er etwas sagen dürfe.
»Klar, was hast du auf dem Herzen?«
Er steht auf. »Buzzy, alles, was ich mir zu Weihnachten wünsche, ist, meine Jungs sehen zu dürfen. Sie sind zehn, zwölf und 15 Jahre alt. Ich hoffe, dass sie mich in den nächsten fünf oder weniger Jahren vorzeitig entlassen. Meine Kinder schreiben mir, aber sie besuchen mich nicht. Ich bete die ganze Zeit für sie. Ich bin ein anderer Mensch geworden. Wenn ich diesmal aus dem Gefängnis komme,

werde ich nie mehr nach San Quentin zurückkehren. Dafür liebe ich meine Familie viel zu sehr. Zu wissen, wie viel Leid ich meiner Frau und meinen Söhnen zugefügt habe, bringt mich innerlich um. Es ist ein furchtbares Gefühl, den Leuten wehzutun, die einen so sehr lieben.«

Ihm zuzuhören, hat mich traurig gemacht. Ich hoffe, er packt es.

Der Rest der Nacht verläuft ruhig, beinahe zu ruhig. Im letzten Monat ist in San Quentin so viel geschehen, dass die Ruhe einem wirklich seltsam vorkommt. Ich danke allen Häftlingen, dass sie mir bei meinem Beinahe-Einschluss vor einigen Wochen beigestanden haben.

Ein Häftling sagt mir dazu: »Hey, Buzzy, keine große Sache, das ist 18-jährige Knasterfahrung. Dafür sind wir doch hier, als so etwas wie Ihre Reiseleiter.«

Schließlich wünschen mir alle Häftlinge frohe Weihnachten und schöne Ferien, schütteln mir die Hand und sagen gute Nacht. Als ich auf den Hauptkontrollpunkt zugehe, winken mir beide Wachbeamte zu und wünschen mir ebenfalls ein frohes Fest. Auf meinem Weg zurück zum Osttor sehe ich in den Fenstern der Gefängnisbüros Weihnachtssterne leuchten.

Jemand vom Wachpersonal sagte mir, dass einige der Insassen von San Quentin sich damit abgefunden hätten, Weihnachten hinter Gittern zu verbringen. Andere Gefangene allerdings lassen speziell zu dieser Jahreszeit ihrer Wut auf die ganze Welt freien Lauf, machen sie für ihre eigenen Verfehlungen verantwortlich und brechen Schlägereien

vom Zaun. Damit lenken sie sich von der Tatsache ab, dass sie es waren, die Mist gebaut haben.
Als der Wachmann der Nachtschicht das Tor öffnet, um mich herauszulassen, lächelt er mich an und sagt: »Ich wünsche Ihnen ein wundervolles und fröhliches Weihnachtsfest, mein Freund. Passen Sie auf sich auf, bis wir uns wiedersehen, und haben Sie schöne Feiertage.«
Weihnachten in San Quentin klingt wie ein trauriges Lied. Vielleicht werde ich ein oder zwei Songs über meinen Musikunterricht im Gefängnis schreiben.

27. Dezember 2000

Es ist kalt und es regnet ziemlich heftig. Wegen neuerlicher Sicherheitsalarme fiel während der letzten drei Wochen mein Unterricht im Q wieder einmal aus. Ich bin heilfroh, dass Weihnachten endlich vorbei ist, da mich der trostlose Anblick des Q in dieser festlichen Zeit richtig fertigmacht. Zum Unterricht erscheinen fünf Häftlinge. Unsere Songs sind »Summertime Blues« und »Brown-Eyed Girl«. Ich hätte mir keine nettere Klasse wünschen können. Die Häftlinge respektieren sich gegenseitig und finden heraus, wie sie als Gruppe zusammenarbeiten können. Ein paar von ihnen bringen den anderen bei, wie man gleichzeitig singen und Gitarre spielen kann. Ich erfahre, dass manche der Insassen sich auch treffen, um zusammen Musik zu machen, wenn ich nicht hier bin.

Einer meiner Schüler erzählt mir, dass viele der älteren Häftlinge in der Weihnachtszeit Spielzeug und andere Geschenke für die Kinder der anderen basteln. Er berichtet, dass das Gefängnis eine kleine Party zusammen mit den Angehörigen der Häftlinge veranstaltet hat und er den Weihnachtsmann spielen musste. Und dass überall Kinder herumgelaufen seien, gelacht und geschrien hätten oder einfach mit den anderen Häftlingskindern herumgetobt seien. Die meisten der Frauen der Häftlinge waren überglücklich, ihre Familie wenigstens für ein paar kurze Augenblicke im Jahr vereint zu sehen. Er findet, dass die Kinder an Weihnachten ihre Väter sehen müssten, was immer auch passiert sei.

Er wiegt seinen Kopf hin und her und ruft: »Hohoho. Frohe Weihnachten, liebe Jungs und Mädchen, hohoho! So ungefähr klang das, nicht schlecht für 'nen abgemagerten alten weißen Häftling. Die Kinder haben mich tatsächlich für den Weihnachtsmann gehalten.«

Ich bin sehr berührt. Auf dem Weg zurück zu meinem Wagen rauscht mir der Regen auf die Füße. Der tiefe Ton eines Nebelhorns wird durch die Winterluft und den Wind zu mir herübergeweht und jagt mir kalte Schauer über den Rücken.

Zeit, Abschied zu nehmen

17. Januar 2001

San Quentin sorgt zunehmend für negative Schlagzeilen. Letzte Nacht wurde in den Nachrichten gesagt, das Q habe viel zu viele Häftlinge, um noch als sicher zu gelten. Man meint, es sei am sinnvollsten, das Gefängnis einfach abzureißen und neu zu bauen. In den letzten Wochen wurden die Häftlinge immer wieder in ihre Zellen eingeschlossen, um Auseinandersetzungen rivalisierender Gangs zu unterbinden.

Nachdem ich mich angemeldet habe, gehe ich hinein und warte auf meine Schüler. Mein Helfer erzählt mir, dass vor ein paar Jahren ein Bekannter seiner Familie die Tochter seiner Schwester vergewaltigt habe. Sie war erst 13 Jahre alt. Er brachte den Kerl zur Strecke und jagte ihm eine Kugel in den Kopf. Bereuen würde er das überhaupt nicht. »Er war ein Riesenarschloch. Mit kleinen Mädchen rumzuvögeln. Das geht einfach nicht. Also hab ich selbst das Urteil über dieses Stück Scheiße gefällt. Keiner legt sich mit meiner Familie an und kommt dann einfach so davon. Das Arschloch ist tot, und ich bin hier für den Rest meines Lebens eingesperrt. Aber das ist okay! Das war es mir wert, nur um diesen Ausdruck auf seinem Gesicht erleben zu dürfen, bevor ich ihn weggepustet hab. Ich bin kein Monster, nur ein liebevoller und fürsorglicher Onkel, der getan hat, was er tun musste.«

Genau in diesem Moment trudeln die ersten Häftlinge zur

Musikstunde ein. Die Songs sind »Free Bird« und »Ring of Fire« von Johnny Cash. Jeder Häftling kennt den Text zu »Free Bird« auswendig, und – kaum zu glauben, aber wahr – selbst der Indonesier singt »Ring of Fire«, ohne eine Silbe auszulassen.

Gegen Viertel vor sieben überkommt mich eine gewisse Müdigkeit. Ohne darüber nachzudenken, fange ich an zu gähnen. Mein Helfer herrscht mich an: »Hey, Buzzy! Hören Sie bloß auf damit. Wir alle stehen richtig früh auf, um zur Arbeit zu gehen.«

»Was heißt denn früh im Gefängnis? Wann gibt's den Weckruf?«

»Um halb fünf«, sagt er mir. »Einige von uns haben Jobs, zu denen sie müssen. Die Bezahlung ist in Ordnung, aber diese Pendelei, die nervt echt gewaltig.« In diesem Moment brechen alle in schallendes Gelächter aus. Knasthumor!

31. Januar 2001

Als ich zum Osttor hereinkomme, sehe ich einen meiner Lehrerkollegen aus der Jugendstrafanstalt in der Warteschlange für die Eingangskontrollen stehen. Ich frage ihn, wie lange er schon im Gefängnis arbeitet und was er dort unterrichtet.

»Ich halte im Auftrag meiner Kirche Bibelstunden mit einigen der Lebenslänglichen ab. Einmal im Monat sind wir in San Quentin. Ich komme seit etwa einem Jahr hierher. Einen schönen Abend noch.«

Bei der Anmeldung stelle ich fest, dass ich meine Trillerpfeife zu Hause liegen gelassen habe. Dem diensthabenden Wachbeamten muss ich die Wahrheit sagen: »Ich habe keine Trillerpfeife – die habe ich zu Hause vergessen.« Seine Antwort lautet: »Hier kommen Sie ohne Trillerpfeife nicht rein, und ich habe auch keine, die ich Ihnen leihen könnte.« In diesem Moment betritt ein Mitarbeiter der Gefängniskirche das Q. Er erzählt mir, dass die Kirche immer ein paar Extrapfeifen bereithält, für den Fall, dass jemand wie ich seine eigene vergisst.

»Ich hole eine, die Sie heute Abend benutzen können. Bringen Sie sie einfach zurück, wenn Sie wieder gehen. Bin gleich wieder da. Rühren Sie sich nicht von der Stelle, gehen Sie bloß nicht weg!«

Es vergehen endlos lange 25 Minuten, in denen ich immer wieder auf die Uhr starre. Als er endlich mit der Pfeife zurückkommt, gewährt mir der diensthabende Wachbeamte Einlass ins Gefängnis.

Als ich mit dem Kirchenmann auf den Gefängnishof trete, wendet er sich mir zu und sagt: »Sie können mir die Pfeife jetzt zurückgeben. Sie werden sie nicht brauchen. Was soll schon passieren? Machen Sie sich keine Sorgen. Sie bringen den Häftlingen die Musik und die lieben Sie dafür. Niemand wird Ihnen etwas tun. Aber ich konnte die anderen Pfeifen nicht finden. Kann ich diese also wiederhaben? Es ist meine.«

Ich weiß nicht, was ich tun soll. Ich war schon immer offen für Abenteuer, aber das hier beschwört Ärger regelrecht herauf. Während meiner drei Jahre als Musiklehrer im Q hatte ich im Gefängnis immer meine Pfeife dabei, bis auf heute. Die kleine Pfeife gab mir stets ein Gefühl von Sicherheit. Jetzt, da ich keine habe, die ich im Notfall einsetzen könnte, fühle ich mich ein wenig unbehaglich.
Natürlich stimmt es, was der Kirchenmann mir sagte. Was soll mir hier im Gefängnis schon passieren? Die Schüler meiner Musikklasse lieben und respektieren mich dafür, dass ich hierherkomme, um sie zu unterrichten. Niemand wird mich bedrängen. Scheiß drauf. Ich gebe ihm seine Pfeife zurück und gehe rüber zu meinem Klassenzimmer.
Beim Näherkommen bemerke ich, dass die Tür offen steht. Als ich den Raum betrete, werde ich von meinem Helfer und zehn Häftlingen begrüßt. Mein Helfer sagt, dass sie sich wegen meines Ausbleibens Sorgen um mich gemacht hätten, deshalb habe er schon mal aufgeschlossen und auf mich gewartet.
Während ich meine Gitarre auspacke, sagt einer der Häftlinge: »Hey, Buzzy Martin. Wie geht's denn so? Machen Sie noch mit Marco zusammen Musik? Wohnen Sie immer noch im selben Haus in der Stadt? Wie geht's Ihrer Frau und Ihrem Sohn?« Er weiß detailliert Bescheid über meinen Wohnort und nennt meine Frau und meinen Sohn beim Namen. Er weiß sogar, was für ein Auto ich fahre.
Dieser Typ weiß mehr über mich, als für meine Sicherheit gut ist. Ich fange an, auf der Gitarre herumzuklimpern,

ohne ihm etwas zu entgegnen. Obwohl ich ihm noch niemals vorher begegnet bin, weiß dieser Häftling sehr viel über mich. Das Schlüsselwort ist Marco. Irgendwoher muss er meinen guten Freund Marco kennen und daher auch mich. Mir wird heiß und kalt zugleich und ich habe das Gefühl, ohnmächtig zu werden. Mit jedem Gedanken an den großmäuligen Insassen beginnt mein Herz schneller zu schlagen. Ich fühle mich wie von einem widerlichen Hund gebissen. Jeder einzelne Häftling in diesem Raum weiß jetzt, wo ich wohne, kennt den Namen meines Kindes, weiß, wo ich arbeite und wie mein Auto aussieht. Das ist gar nicht gut.

Selbst einigen Häftlingen fällt auf, dass etwas überhaupt nicht in Ordnung ist, da ich einfach meinen Mund halte. Ich werde bleich und muss mich setzen.

Mittlerweile haben sich elf Häftlinge bereit gemacht für ein bisschen Rock 'n' Roll. In den folgenden zwei Stunden will die Zeit nicht vergehen. Als es endlich neun Uhr ist, bin ich ein Wrack. Ich muss ständig darüber nachdenken, warum dieser Häftling mir all diese Fragen gestellt hat.

Nach dem Unterricht schaue ich ihn mir genauer an. Er sieht ein bisschen aus wie Charles Manson: klein und dreckig, mit mürrischem Gesichtsausdruck. Als er den Raum verlässt, frage ich ihn nach seinem Namen und seiner Häftlingsnummer. Zu meiner Bestürzung steht er nicht einmal auf meiner Teilnehmerliste. Ich wende mich an meinen Helfer und erkläre ihm, dass ich mir wegen des großmäuligen Häftlings große Sorgen mache und es mich beunruhigt, wie leicht er sich in den Musikunterricht einschleichen konnte. Und dass er viel zu viel über mein Privatleben wisse.

Mein Helfer erwidert: »Bei mir gingen gestern schon die Alarmglocken an, als er mir davon erzählte, dass er Sie und einige Ihrer Freunde kennt. Ich hatte keine Ahnung, dass er die Schnauze so aufreißen würde. Wenn Sie ihn nicht in der Klasse haben wollen, sagen Sie's mir, und ich werfe ihn raus, Boss. Kein Thema. Sagen Sie mir einfach, was ich tun soll.«

Ich erkläre ihm, dass ich erst mit meiner Chefin über den Vorfall mit Mr Großmaul reden muss und dass ich sie anrufen will. Während meiner Unterhaltung mit dem Helfer wird mir plötzlich schlagartig klar: Mein Unterricht in San Quentin ist vorüber. Ich fühle mich nicht mehr sicher genug, um im Q zu arbeiten. Ich war nicht darauf vorbereitet, aber jetzt wird es Zeit für mich zu gehen.

Mit dem sicheren Gefühl, das letzte Mal dieses Gefängnis betreten zu haben, packe ich meine Gitarre ein. Die letzten zwei Jahre und fünf Monate waren der wildeste, seltsamste und gruseligste Trip, den man sich vorstellen kann. Und jetzt ist alles vorbei, nur wegen eines geschwätzigen Häftlings.

Als ich vom Parkplatz wegfahre, werfe ich einen letzten Blick auf das Q und sage Lebwohl. Auf der Heimfahrt kann ich nicht schnell genug zu meinem Handy greifen. Die erste Person, die ich anrufe, ist meine Frau, danach meinen Freund Marco. Ich muss mehr über diesen Häft-

ling herausfinden, der mit seiner großen Klappe soeben den Musikunterricht in Schutt und Asche gelegt hat.
Meine Frau flippt aus und fängt sofort an zu weinen. Ich sage ihr, sie solle sich keine Sorgen machen, dass es vorbei ist und ich draußen bin. Als ich Marco ans Telefon bekomme, erzählt er mir, dass er derjenige war, der damals die Polizei gerufen und meinen Häftling damit wieder ins Gefängnis gebracht hat.
Vor etwa einem halben Jahr hörte er seine Nachbarin schreien: »Hilfe! Er schlägt mich. Hilfe! Er bringt mich um.« Also rief er die Polizei. Als diese auftauchte, fing dieser Typ eine Schlägerei mit den Polizeibeamten an. Er war total zugedröhnt. Zusammen mit seiner Freundin hatte er tagelang gesoffen und Crack geraucht. Man verhaftete ihn wegen Verstoßes gegen die Bewährungsauflagen, Körperverletzung und Drogenmissbrauchs. Er war nur auf Bewährung draußen.
Ich frage Marco: »Muss ich mir wegen Mr Großmaul Sorgen machen?« Es folgt eine lange Pause. »Hey, Marco, bist du noch dran?«
Mit merkwürdig weicher Stimme erwidert er: »Bei dem würde ich aufpassen. Ein hinterhältiger Typ. Ihm ist alles zuzutrauen. Der ist echt krank.«
Das war's. Ich weiß, was ich zu tun habe. Morgen früh rufe ich meine Chefin an und kündige.
»Gute Nacht, Marco. Ich melde mich morgen noch einmal bei dir, wenn ich mit meiner Chefin gesprochen habe.«
Niemals wäre ich auf die Idee gekommen, dass ich meinen

Musikunterricht im Gefängnis auf diese Art und Weise beenden würde. Ich hätte mir eher einen Gefängnisaufstand vorgestellt oder dass mich durchgedrehte Häftlinge während eines Sicherheitsalarms als Geisel nehmen würden, aber nicht so in Panik zu geraten wegen eines angeberischen Insassen, den ich nicht einmal kenne.

Am nächsten Morgen hörte mein Telefon von acht Uhr an nicht auf zu klingeln. Meine Chefin rief an, um zu erfahren, was denn am Abend zuvor in meiner Musikstunde geschehen sei. Mein Helfer hatte ihr bereits die ganze Geschichte erzählt. Sie fragte mich, wie es mir jetzt ginge und ob ich erst mal ein paar Wochen Urlaub nehmen wolle, um darüber nachzudenken. Ich erwiderte, dass ich wirklich erst einmal nachdenken müsse.

Schließlich schlug ich vor: »Geben Sie mir zwei Wochen.«

Diese zwei Wochen waren bald vorbei. Als ich meine Chefin danach anrief, erzählte sie mir, dass einige der Häftlinge den großmäuligen Insassen zusammengeschlagen hätten. Weil ich aufgehört hatte, ins Gefängnis zu kommen, um mit ihnen Musik zu machen.

Das war's dann wirklich. Meine Chefin, ihr Vorgesetzter und ich spürten, dass die Party vorbei war. Beide wünschten mir alles Gute. So lief das.

Zwei Jahre und fünf Monate – alles vorbei. Ich habe diesen Musikkurs geliebt. Viele der Häftlinge würden mir fehlen, aber ich fühlte, dass es das Beste war zu gehen, solange ich darüber noch selbst entscheiden konnte. Die Bilder von San Quentin und den Häftlingen haben sich mir tief ins Gedächtnis gebrannt. Meine Zeit auf der Ranch, im H-Unit und im North Block werde ich niemals vergessen. Und ich werde niemals vergessen, was für ein Privileg es war, über einen so langen Zeitraum in einem Gefängnis arbeiten zu können. Wie gesegnet und dankbar ich dafür bin zu wissen, was Freiheit bedeutet. Diese Erfahrungen ließen mich den Wert der Freiheit erkennen.

Ein Rückblick: Was ich gelernt habe und was ich vermitteln will

Am 31. Januar 2001 verbrachte ich meinen letzten Abend im Q. Meine Vorgesetzten hatten mich stets daran erinnert, dass Vertraulichkeit im Gefängnis keine gute Sache sei. Wegen dieses Regelverstoßes wurde es Zeit für mich zu gehen. Ohne mich von irgendjemandem zu verabschieden, habe ich meinen Musikunterricht in San Quentin abgebrochen. Von Anfang an war für mich klar, dass ich damit aufhören würde, wenn ich mich bei meiner Arbeit im Gefängnis unwohl fühlen sollte. Das war nun der Fall.

Nachdem diese Geschichte zu Ende gegangen war, galt es, ein neues Kapitel meines Lebens zu beginnen, und ich war gespannt, was kommen würde. Im Juni 2007 saßen in den Vereinigten Staaten um die 2,3 Millionen Häftlinge in regionalen oder Staatsgefängnissen hinter Gittern. Die Vereinigten Staaten stehen mit ihrer Inhaftierungsrate weltweit an erster Stelle. Auf 100.000 Bürger, die in Freiheit leben, kommen 751 Gefängnisinsassen. Berücksichtigt man dabei nur die Erwachsenen, so befindet sich jeder hundertste Amerikaner hinter Schloss und Riegel. In keinem anderen Land kommt es zu einem derartigen Anstieg in der Verhängung von Gefängnisstrafen. Vor allem die Bekämpfung des Drogenhandels führte zu einem Anstieg langjähriger Haftstrafen. 1980 waren rund 40.000 Häftlinge wegen Drogendelikten inhaftiert. Heutzutage bewegen sich diese Zahlen im Bereich von 500.000, Tendenz steigend. Mehr als 200.000 Insassen leben in Zellen zusammen, die nur für die Hälfte dieser Anzahl geplant wurden. Meiner

Meinung nach sollten die Richter und Gefängnisleitungen bei der Rehabilitation und Wiedereingliederung von nicht gewalttätigen Erststraftätern im Drogenbereich verstärkt auf Rehabilitationsprogramme setzen. In jedem Staat sollte die Möglichkeit bestehen, Insassen mit besonders gutem Führungszeugnis und einem Vorstrafenregister ohne Gewaltdelikte vorzeitig aus der Haft zu entlassen. Meiner Meinung nach würde dies einen großen Anreiz für besseres Benehmen bewirken. In allen Staaten sind die Häftlingsraten explodiert, weshalb einige die Ausgaben für Bildung kürzten, um die Gefängnisprogramme finanzieren zu können. Das sollte für jeden ein Alarmzeichen sein. Ohne Frage sollten die Strafen für Mord, Vergewaltigung und Bandendelikte weiter verschärft werden. Meiner Ansicht nach sollten sich die Gerichte und Gefängnisse jedoch eher darauf konzentrieren, die gefährlichsten Kriminellen festzusetzen, anstatt nicht-gewalttätige Ersttäter wegzusperren.

Ich hoffe und bete für eine bessere Welt – mehr Frieden, weniger Verbrechen. Meine Hoffnung ist, dass einige meiner Leser mithelfen werden, sie zu verändern, auch wenn dies nur in jeweils kleinen Schritten geschehen kann. Einige der Kids, mit denen ich während der letzten zehn Jahre in der Jugendstrafanstalt gearbeitet habe, haben es geschafft, wieder einen anständigen Weg einzuschlagen, während andere später in San Quentin landeten. Ich wäre glücklich, wenn mein Musikprogramm einigen von ihnen etwas gebracht hat. Jedes Leben ist wertvoll. Ich arbeite weiterhin

mit den Kids aus der Jugendstrafanstalt. Leider nimmt die Gewalt unter den Jugendbanden mehr und mehr zu. Es gibt zunehmend mehr mexikanische oder asiatische Gangs, deren Mitglieder manchmal erst acht Jahre alt sind.
In der Jugendstrafanstalt kursieren Gerüchte, dass frühere Häftlinge von San Quentin Jugendliche auf den Straßen als Gang-Mitglieder rekrutieren. Die meisten von ihnen sind kahlrasiert, tragen Baggy Pants und werden immer gewalttätiger. Für die Jugendlichen in den armen Bezirken gibt es wenig Hoffnung.
Viele dieser Kids haben alleinerziehende Mütter oder Väter, andere kommen aus Familien von Gang-Mitgliedern. Das Justizsystem ist mit all den Problemen gelinde gesagt hoffnungslos überfordert. Während der letzten zehn Jahre habe ich mitbekommen, dass rund 50 junge Gang-Mitglieder zu lebenslangen Haftstrafen ohne jede Perspektive auf vorzeitige Entlassung verurteilt wurden.
Es tut mir in der Seele weh zu sehen, wie diese Jungs und Mädchen schlechte Entscheidungen für ihr Leben treffen. Durch den Musikunterricht und andere Projekte dieser Art können diese Kids einige wichtige Dinge lernen:

1. Sie erfahren, dass Musik ihnen dabei helfen kann, ihre Gefühle produktiver auszudrücken als über Gewalt und Mitgliedschaft in kriminellen Gangs.
2. Durch die praktische Erfahrung mit ihrem Instrument in den Sessions bekommen sie ein Gefühl für ihre Fähigkeit, sich selber zu verbessern.

3. Sie lernen, auf die Musiktraditionen ihrer Kulturen stolz zu sein.

Für diese gefährdeten und schwer erreichbaren Kids sind dies wichtige Erfahrungen. Das Ziel des Programms besteht nicht darin, professionelle Musiker hervorzubringen. Das Ziel besteht darin, Jugendliche mit höherem Selbstwertgefühl und verbesserten sozialen Kompetenzen auszustatten.

Über Musik kann man so effektiv Leute erreichen, weil Menschen von Natur aus musikalisch sind. Mangelndes Selbstbewusstsein, erlernte gewalttätige Verhaltensmuster und unterentwickelte kommunikative Fähigkeiten hindern viele der Erwachsenen und Jugendlichen daran, sich selbst auszudrücken. Für die meisten ist es eine völlig neue Erfahrung zu singen, ein Instrument zu spielen, zu tanzen oder sich einfach mal mit Genuss Musik anzuhören.

Das Bewusstsein vieler Kids wurde durch die brutalen Texte der Gangsta-Rapper gründlich verseucht. In dem Musikprogramm geht es um so viel mehr als nur Musik. Es ist eine einzigartige Therapieform, mit der sich Selbstbewusstsein entwickeln lässt und Erfolgserlebnisse vermittelt werden können. Über die Musik lernen die Leute, einen Bezug zu anderen herzustellen. Das Musikmachen lehrt Disziplin, das beharrliche Üben wirkt sich auf die gesamte Persönlichkeitsentwicklung aus.

Die Magie der Musik und unser Programm lassen Jugendliche erkennen, dass sie in der Lage sind, selber etwas zu gestalten – eine Einsicht, zu der die meisten nie gelangen. Im ganzen Land werden weitere Programme dieser Art dringend benötigt.

Ich bin sehr froh darüber, dass ich die Möglichkeit hatte, in San Quentin Musikunterricht zu geben, und diese Erlebnisse nun an Menschen weitergeben kann, bei denen diese Geschichten vielleicht etwas bewirken. Um nichts in der Welt würde ich diese zwei Jahre und fünf Monate meines Lebens missen wollen. Mit meiner Band mache ich immer noch Musik, aber in mein Leben ist mehr Ruhe eingekehrt. Ich schenke dem Duft der Blumen mehr Beachtung. Ich küsse meine Frau und meinen Sohn wesentlich häufiger.

Meiner Frau und meinem Sohn danke ich dafür, dass sie mit den langen Nächten, die ich während meiner Zeit im Q dort verbrachte, klarkamen. Aber am meisten möchte ich mich bei Ihnen dafür bedanken, dass Sie sich die Zeit genommen haben, dieses Buch zu lesen. Vielleicht fällt Ihnen ja noch etwas dazu ein, wie man die Musik zu den Menschen bringen kann, die sie am nötigsten haben. Wir können diesen Planeten zu einem wesentlich besseren Ort werden lassen, wenn wir die Musikprogramme für alle Kids am Leben erhalten. Alles beginnt mit dem Kind in uns. Singen Sie jeden Tag ein Lied mit jemandem. Ich wünsche Ihnen alles Gute.

Hinter den Mauern des Staatsgefängnisses von San Quentin

Es ist Ihre erste Nacht im Bau und Ihr Zellengenosse macht Ihnen unerwünschte sexuelle Avancen.

Wie reagieren Sie darauf?

Sie gehen auf ihn los, bevor er es tun kann.	Sie ignorieren ihn und machen ihm deutlich, dass Sie sich nicht so schnell einschüchtern lassen.	Sie erklären sich bereit, ihm Geld zu zahlen, damit er Sie in Ruhe lässt.	Sie wenden sich an das Gefängnispersonal und bitten darum, in eine andere Zelle verlegt zu werden.
↓	↓	↓	↓
Er ist Ihnen physisch überlegen, macht Sie fertig, und Sie verbringen die nächsten drei Tage im Gefängniskrankenhaus.	Sie versuchen, auf eigene Faust klarzukommen.	Ihr Zellengenosse willigt ein. Sein Preis ist 10 Dollar pro Tag.	Man kommt Ihrer Bitte nach und verlegt Sie in eine andere Zelle.
↓	↓	↓	↓
Sie wenden sich an ein Mitglied einer der Gangs im Gefängnis und bitten um Schutz.	Sie sind drei Nächte lang den Attacken Ihres Zellengenossen ausgesetzt.	Nach einer Woche erhöht er den Preis auf 20 Dollar pro Tag.	Ihr neuer Zellengenosse gibt Ihnen ein paar von seinen Zigaretten und etwas Heroin.
↓	↓	↓	↓
Das Gangmitglied verlangt 5 Dollar pro Tag für seine Beschützerdienste.	Ihr Zellengenosse droht damit, Mitgliedern Ihrer Familie etwas anzutun.	Nach zwei Wochen treibt er den Preis noch einmal in die Höhe. Von jetzt an beträgt er 40 Dollar pro Tag.	Am nächsten Abend bekommen Sie von Ihrem neuen Zellengenossen weitere Zigaretten und noch mehr Heroin.
↓	↓	↓	↓
Nach einem Monat ist Ihr Geld alle.	Sie geben Ihren Widerstand auf und willigen in seine sexuellen Forderungen ein.	Nach einem Monat haben Sie kein Geld mehr.	Nachdem er Sie zwei Wochen lang mit Zigaretten und Heroin versorgt hat, erklärt Ihnen Ihr Zellengenosse, dass Sie mit 400 Dollar bei ihm in der Kreide stehen, Sie diese Schulden aber durch sexuelle Gefälligkeiten abarbeiten können.
↓	↓	↓	↓
Von jetzt an sind Sie sein Privateigentum.	**Von jetzt an sind Sie sein Privateigentum.**	**Von jetzt an sind Sie sein Privateigentum.**	**Von jetzt an sind Sie sein Privateigentum.**

Martin.
Live aus San Quentin
Irisiana Verlag
ISBN 978-3-424-15117-6
€ 17,99 [D]
€ 18,50 [A]
9 783424 151176
PE